F.-X. LAVENIR

DOCUMENTS ET TRADITIONS

SUR LA PAROISSE DE

LA TOUR DE SALVAGNY

ANCIENNEMENT

ANNEXE DE LENTILLY

LYON

P. GRANGE, IMPRIMEUR-EDITEUR

2, Rue Jean-Carriès. 2

1906

A

LA CHÈRE ET VÉNÉRÉE MÉMOIRE

DE

LE DOCTEUR ERNEST PONCET

F.-X. L.

DOCUMENTS ET TRADITIONS

SUR LA PAROISSE DE

LA TOUR DE SALVAGNY

La Tour après 1830

F.-X. LAVENIR

DOCUMENTS ET TRADITIONS

SUR LA PAROISSE DE

LA TOUR DE SALVAGNY

ANCIENNEMENT

ANNEXE DE LENTILLY

LYON

P. GRANGE, IMPRIMEUR-EDITEUR

2, Rue Jean-Carriès. 2

1906

AVANT-PROPOS

A vous, chers paroissiens, j'offre ce travail.

Quand bien même je n'aurais pas écrit, sur la première page, le nom de celui qui l'a inspiré, vous l'eussiez deviné. Cet homme de bien, tout de douceur et de paix, m'a soutenu de ses encouragements, guidé de ses conseils. Sans son concours éclairé, et je dois le dire, généreux, jamais je n'aurais conduit à bonne fin mon entreprise, si modeste soit-elle. D'autres encouragements me sont venus de l'un de mes vénérés supérieurs que je ne puis nommer, ne lui en ayant pas demandé la permission. Fort de ce double appui, j'ai surmonté plus d'une difficulté; car prétendre que ce travail ne m'a coûté aucune peine, serait aller contre la vérité. En revanche, à vivre de la vie de nos ancêtres, cela m'a procuré de bien douces joies.

Plus favorisée que beaucoup d'autres paroisses ou communes, la nôtre peut produire ses titres à l'ancienneté; je devais donc en composer mon premier chapitre, pour expliquer ensuite la fondation de la chapelle de la Croix et les divers points qui s'y rattachent ; tenter de retrouver l'acte de naissance de la vieille tour ; dire comment elle a supplanté la chapelle ; raconter sa vie intime, autant que peuvent nous la faire connaitre les rares, mais précieux documents conservés. C'est autour d'elle, devant l'assemblée, formant la plus grande partie des habitants de la paroisse, que se traitaient les questions intéressant la communauté.

Une de mes joies est venue du contrat appelé le complant ; j'en avais vu souvent le nom, privé, j'ignore pourquoi, de toute explication. En cherch... ...i trouvé ; mais la nature de ce contrat me paraiss... si étonnante, que j'ai senti le besoin d'une confirmation. Je suis donc heureux de vous la faire connaitre, ainsi que les autres moyens qui mirent vos ancêtres en possession du sol.

D'autre part, il était utile de savoir comment se conduisait la propriété, dans un pays essentiellement agricole. Divers chapitres vous diront les noms perdus des territoires, ceux transformés ; les noms également des personnages qui ont exercé quelque fonction dans la communauté ; enfin, les principaux évènements, se rattachant à la Tour, et dont j'ai pu recueillir les preuves écrites, ou même simplement morales.

Parmi les reproches qu'on m'adressa, il en est deux sur lesquels je tiens à m'expliquer. Ce travail est rempli de peut-être; même il se termine par un point d'interrogation. Me blâmera-t-on de n'avoir voulu rien affirmer sans preuves ? J'ai conduit l'historique de la Tour, jusqu'à sa démolition, après son remplacement comme église, par une église nouvelle ; je n'ai point dit les noms des personnes généreuses qui contribuèrent à la construction de cette coquette remplaçante. C'est à dessein ; elle est l'œuvre de tous ; chacun a donné, qui plus, qui moins ; les bienfaiteurs insignes sont connus ; les uns et les autres n'attendaient pas de nous leur récompense, ils la plaçaient plus haut. Enfin, c'est délibérément que je ne suis entré dans l'histoire du dernier demi-siècle, que pour dire les seules choses indispensables, concernant l'ancien édifice et le nouveau.

Mon but ayant été de travailler pour vous seuls, vous comprendrez pourquoi j'ai abrégé le moins possible les documents à ma disposition ; pourquoi aussi j'ai religieusement enregistré tous les noms consignés dans ces documents, car ce sont, pour beaucoup d'entre vous, les noms de vos aïeux.

Je me suis permis de donner quelquefois des conclusions, j'en avais le droit. On vous nourrit chaque jour, à vos frais, convenez-en, de sophismes et de mensonges ; j'ai cru qu'il était de mon devoir de vous montrer la vérité, sans déguisement, quand l'occasion s'en est présentée. En réalité, que serait un fait historique, dépouillé de ses causes et de ses conséquences ? Moins qu'un squelette.

L'oubli n'efface pas toute l'histoire. Ici, comme en beaucoup d'endroits, c'est une donation faite en faveur d'une abbaye qui a engendré la petite communauté de Silvaniacum, votre commune d'aujourd'hui. Si des hommes bons, mais vivant insouciants du lendemain social, trop parcimonieux en face du budget communal, ont détruit le titre vous conférant le droit au nom que vous portez, ne permettez pas que d'autres hommes, animés de sentiments moins avouables, détruisent ce qui vous relie, à travers les siècles, à la chapelle de Rotbald ; ne permettez pas qu'ils anéantissent le témoignage de la foi de vos pères, fruit, non de l'impôt, mais de leur générosité libre et spontanée.

Les ruines matérielles en ce genre supposent déjà les ruines morales. Or, c'est une loi de l'histoire, quand un peuple entier permet ces ruines, quand toute une société bannit de son sein la loi éternelle, elle trouve bientôt en elle-même son châtiment : rien, pas même la force du nombre, ne pouvant prescrire contre Dieu.

La Tour de Salvagny, le   1906.

ERRATA

<table>
<tr><td></td><td colspan="2">Au lieu de :</td><td>Lisez :</td></tr>
<tr><td>Page xii, ligne 24 :</td><td></td><td>morales</td><td>orales</td></tr>
<tr><td>— 2,</td><td>— 1 :</td><td>vingt-huitième</td><td>vingt-neuvième</td></tr>
<tr><td>— 2,</td><td>— 16 :</td><td>Ingeberge</td><td>Ingelberge</td></tr>
<tr><td>— 16,</td><td>— 26 note :</td><td>villiens</td><td>villicus</td></tr>
<tr><td>— 22,</td><td>— 30 —</td><td>itinerec</td><td>itinere</td></tr>
<tr><td>— 44,</td><td>— 34 —</td><td>Guérenger</td><td>Guéranger</td></tr>
<tr><td>— 45,</td><td>— 30 —</td><td>Hunyrade</td><td>Hunyade</td></tr>
<tr><td>— 45,</td><td>— 47 —</td><td>Brevarium</td><td>Breviarium</td></tr>
<tr><td>— 51,</td><td>— 27</td><td>a.</td><td>la</td></tr>
<tr><td>— 59,</td><td>— 19</td><td>de</td><td>du</td></tr>
<tr><td>— 76,</td><td>— 1</td><td>partir</td><td>parti</td></tr>
<tr><td>— 77,</td><td>— 27</td><td>Liste</td><td>Livre</td></tr>
<tr><td>— 81,</td><td>— 7</td><td>pulbique</td><td>publique</td></tr>
<tr><td>— 96,</td><td>— 3</td><td>lA'llemand</td><td>l'Allemand</td></tr>
<tr><td>— 147,</td><td>— 6</td><td>demi-Lune</td><td>Demi-Lune</td></tr>
<tr><td>— 150,</td><td>— 1</td><td>il</td><td>Il</td></tr>
</table>

CHAPITRE PREMIER

Le *Petit Cartulaire d'Ainay* renferme plusieurs chartes concernant le territoire appelé aujourd'hui La Tour-de-Salvagny. En voici la substance, selon l'ordre chronologique, qui n'est pas celui du cartulaire.

1º Le plus ancien document de date certaine est une donation de l'abbé de Saint-Paul, Arnulphe, en faveur et à la demande de Raduldus et de son épouse. Il s'agit d'un champ situé au pagus lyonnais, dans l'ager du Mont-d'Or, sur le territoire de Selvaniacum.

Ce champ est borné au matin par une terre à Saint-Etienne et une autre à Vuarembert ; au midi et au soir par des terres à Saint-Etienne, et au nord par des terres au même Vuarembert et la voie publique. La donation est faite sous la forme du contrat dit : *ad medium plantum*, duquel il sera reparlé plus loin ;

elle porte la date du 26 avril 970, la vingt-huitième année du règne de Conrad [1].

2° A une date incertaine, de l'an 980 à l'an 990, Guichard et Egilmode, son épouse, cèdent à l'abbé d'Ainay, Astérius, trois petits domaines qu'ils possèdent dans le pagus lyonnais, ager du Mont-d'Or. L'un des trois s'appelle Selvaniacum. Il est composé, comme les deux autres [2], d'un jardin avec verchère, champ et pré, vigne et bois. Ils cèdent tout ce que ces biens renferment avec entrées, sorties, sources et cours d'eau, s'en réservant l'usufruit, et s'engageant à payer annuellement, leur vie durant, une mesure de vin et une mesure de blé. Les bornes du domaine ne sont point indiquées [3].

3° En 990, l'an 50 du règne de Conrad, un Radoldus et son épouse Ingeberge cèdent à l'église d'Ainay une partie des biens qu'ils ont acquis *ex medio planto*. Il s'agit de deux petites vignes bornées : l'une, au matin, par la voie publique ; au midi, par une terre à Saint-Pierre ; au soir, par une terre à Saint-Etienne ; au nord, par la voie publique. L'autre, bornée au matin, par une terre à Saint-Martin ; au midi et au soir, par une terre à Saint-Paul ; au nord, par une terre à Saint-Etienne. Ces deux vignes sont situées dans l'ager Floriacensis, sur le territoire de Salvaniacum [4].

Il y a bien des chances que ce Radoldus soit le même que Raduldus de la première charte, où

---

1. Aug. Bernard. — *Cartulaire de Savigny*. Tome II. *Petit cart.* d'Ainay. Ch. 129.
2. Cerviacus et Menciacus qu'on n'a pu identifier.
3. *Petit cartul d'Ainay..* Ch. 183.
4. *Ibid.* Ch. 77.

malheureusement le nom de son épouse est effacé, tandis que l'une et l'autre mentionnent un fils nommé Jean. Si c'est le même personnage, on voit qu'il a déshabillé Saint-Paul pour couvrir Saint-Martin.

4° Un quatrième document, autrement important, est un acte de donation en faveur de la même abbaye d'Ainay. Par cet acte, Rotbald et son épouse, Ginberge, cèdent à ladite abbaye un curtil, une vigne, un jardin, une verchère, un bois, une terre arable et leur habitation, en un mot, tous les biens, meubles et immeubles qu'ils possèdent à Silvaniacum, au pagus lyonnais, dans l'ager du Mont-d'Or. Ils s'en réservent la jouissance, leur vie durant ; chaque année, comme gage d'investiture, ils fourniront aux moines de l'abbaye, quatre mesures soit de blé, soit de vin. A la mort de l'un des époux, l'abbaye touchera la moitié des revenus ; à la mort du second, elle entrera sans retard en possession de tous les revenus pour en jouir justement selon les convenances. Si quelqu'un conteste la valeur de cette donation, qu'il encoure la colère divine, et s'il entame un procès, qu'il soit condamné à payer deux livres en or. Et qu'ensuite la donation demeure définitive avec ses stipulations. — Sixième férie des nones de septembre, sous le roi Conrad, année incertaine, mais antérieure à 994 [1].

5° Vers l'an 1000, Robert, Aymon et Ingelbert vendent à Girin et à Nonia, son épouse, au prix de xvi sous d'argent, divers fonds de terre, jardin, bois et saussaie situés sur le territoire appelé Selvinacum, bornés : au matin, par une terre à Bernard ; au midi

---

1. *Petit cartul d'Ainay*. Ch. 72. — Conrad mourut en 993.

4

et au soir par une terre à Saint-Paul, et au nord par
une autre terre à Saint-Paul et la voie publique [1].

Avant d'aller plus loin quelques remarques s'im-
posent :

Sous le nom de *pagus* lyonnais, on entend le
diocèse de Lyon, dont les limites, au moins depuis le
vi⁰ siècle, ont peu varié, jusqu'à la formation du
diocèse de Saint-Claude en 1742. Sous le nom d'*ager*,
on entend un territoire rarement étendu, souvent
variable, appartenant en totalité ou en partie soit à
une église, soit à une abbaye, auquel on a donné le
nom du chef-lieu où se payaient les redevances, ou
bien celui d'une contrée restreinte, mais renfermant
plusieurs paroisses. Ainsi l'ager du Mont-d'Or, l'ager
de la Brévenne. Il n'y a donc pas à s'étonner de voir
Silvaniacum placé par une charte dans l'ager de
Fleurieux [2], tandis que toutes les autres le fixent dans
celui du Mont-d'Or.

Quelles sont exactement les limites du Mont-d'Or?
D'après un géologue bien connu [3], elles seraient
celles-ci : « Au nord, les plaines tertiaires et d'alluvion
de Quincieux et une partie de l'Azergues entre Civrieux
et Marcilly ; à l'est, la vallée de la Saône ; au sud, la
partie inférieure du ruisseau de Roche-Cardon et le
plateau d'Ecully ; enfin, à l'ouest, le ruisseau des
Planches et le ruisseau de Salvagny qui séparent des
formations gneissiques et de transition du Lyonnais
les terrains jurassiques et triasiques du Mont-d'Or. »

Oui, mais de l'une ou de l'autre des deux sources
qui réunies forment le ruisseau des Planches, jusqu'à

---

1. *Petit cartul. d'Ainay.* Ch. 64. *De terrâ Silvagneâ.*
2. *Ibid.* Ch. 72.
3. Falsan. *Monographie du Mont-d'Or*

l'endroit le plus rapproché du Salvagny, il y a une demi-lieue de distance. Sur quelle ligne se trouve la limite de ce côté ? Ne serait-il pas plus rationnel, géographiquement parlant, de comprendre dans le territoire du Mont-d'Or toutes les pentes qui en descendent, jusqu'à la rencontre de celles qui s'élèvent dans un autre sens pour lui faire face ? En ce cas, il faudrait tirer une ligne partant du ruisseau des Planches, à la hauteur des Trois-Renards, rejoignant le ruisseau de Charbonnières pour le remonter au nord-ouest, jusqu'à la base du Bois-Seigneur ; tirer de là une autre ligne vers le nord-est jusqu'au Maligneux, lequel quitte son nom, en entrant sur Dommartin, pour s'appeler le Salvagny. Et sans vouloir porter un jugement géologique, il semble que les carrières de grès situées le long de l'établissement thermal de Charbonnières et à la gare de La Tour-de-Salvagny sont identiques à celles de Marcourant à Dardilly et de la Garde à Limonest. En cette hypothèse le territoire presque entier de Silvaniacum, c'est-à-dire, moins la partie de la rive droite du ruisseau, serait du Mont-d'Or, ainsi que le voulaient les anciens, alors que Lintillacum duquel il dépendait pourtant, mais situé sur les dernières pentes des monts lyonnais, était placé par eux dans l'ager de Fleurieux [1].

Si cependant on trouve cette solution trop hasardée, je propose cette autre en m'appuyant sur une charte [2], qui place Vedrerias dans le Mont-d'Or. Suivre le ruisseau de Charbonnières, comme il est

---

1. *Cart. de Savigny*. Ch. 181.

2. *Petit cart. d'Ainay*. Ch. 63 et 72. Les Verrières, hameau de Charbonnières.

dit plus haut, jusqu'à l'endroit où il reçoit celui de la Beffe, à quelques pas du Casino ; remonter celui-ci jusqu'à sa source au-dessus de Villedieu, franchir le petit col et descendre par les Planchettes jusqu'au Salvagny, en suivant un soupçon de ruisseau que les anciennes chartes appelleraient à bon droit: *rivulus siccus*. En cette hypothèse, les limites actuelles qui séparent les communes de Dardilly et de Dommartin de celle de la Tour-de-Salvagny seraient les limites mêmes du Mont-d'Or, et Silvaniacum n'aurait figuré dans son ager que par la volonté de ses seigneurs.

Les chartes précédentes nous ont appris qu'outre l'église-cathédrale de Lyon, sous le vocable de Saint-Etienne d'abord, de Saint-Jean-Baptiste par la suite, qui avait reçu le Mont-d'Or, par héritage de l'arche-vêque Alawula [1], étaient encore possessionnés à Salvaniacum les abbayes de Saint-Martin-d'Ainay, de Saint-Pierre-des-Terreaux, de Saint-Paul de Lyon, et quelques laïques.

6° Mais voici la charte vraiment importante, celle qui doit donner une nouvelle vie au pays et sera comme son acte de naissance.

L'archevêque de Lyon, Burchard, prélat zélé, cher-chait tous les moyens de promouvoir le bien des âmes dans son diocèse. Raynald, abbé d'Ainay, qualifié de très fidèle, connaissant de si bonnes dispositions, certain de voir sa requête favorablement accueillie, demande à l'archevêque l'autorisation de bâtir une chapelle dans un domaine que l'abbaye possède à Silvaniacum, domaine qui lui est échu récemment, et mis en culture ; d'accorder des revenus

---

1. *Gallia Christiana*. Tome IV, p. 68.

honorables à cette chapelle, en lui attribuant la dîme sur le domaine, qui jusqu'à ce jour était payée à lui, archevêque.

L'archevêque, tout bien pesé, trouvant l'objet de la requête utile à tous, nuisible à personne, accorde tout ce qu'on lui demande. Il détermine les confins en ces termes : Le domaine et la chapelle sont situés sur le territoire de Silvaniacum. Le domaine est borné au matin, par la route dite Via franscisca ; au midi, par des terres du domaine de Saint-Etienne ; au soir, par des terres également du même domaine, et d'autres dépendant de la succession de Girbert et d'Odric. Ici, il manque quelques mots, mais le verbe *tenditque* et le nom *gutta* inclinent à croire que le terrain désigné s'en allait de biais vers la source d'un ruisselet. Au nord, par la voie publique et encore le domaine de Saint-Etienne [1].

L'archevêque donne donc à l'abbaye d'Ainay et à ses moines, pour le service de la chapelle, les dîmes et redevances assimilées qu'il tirait des terres situées dans l'intérieur des limites précitées. La chapelle est de plus autorisée à recevoir des dons et jouira du droit de sépulture. Excommunication contre celui qui dilapidera les biens de cette fondation, ainsi qu'une amende de vingt livres en or pour qui intentera un procès à son sujet.

Le contrat revêtit une certaine solennité, car l'abbé d'Ainay était accompagné de plusieurs de ses moines, et l'archevêque entouré de ses conseillers. Les uns et les autres ont signé : Burchard, archevêque ; Fulcherius, doyen du chapitre de Saint-Etienne ; Dodon,

---

1. *Petit cart. d'Ainay*. Ch. 137.

clerc ; Durand, abbé de Savigny ; Bernard, abbé de l'Ile-Barbe ; Girin, Arthaud, Adelard, Arrighius, tous chevaliers, et Amblard, greffier, lequel s'intitule moine indigne. — Au mois de mars, Rodolphe régnant en Gaule [1]. — Cet acte n'est ni antérieur à 993, ni postérieur à 1013, le règne de Rodolphe allant d'une date à l'autre.

La chapelle construite en vertu de ce contrat, fut placée sous le vocable de la Sainte-Croix.

Revenons à la donation de Rotbald et de Ginberge, qui étaient assurément deux nobles habitants de Lyon. Soulager leur âme et l'âme de leurs parents défunts, obtenir d'être inhumés dans le cloître ou l'église de l'abbaye, *pro animarum nostrarum remedio vel parentùm nostrorum et pro loco sepulturæ nostræ*, tel est le but de leur générosité. La charte n'indique pas, il est vrai, le lieu de la sépulture ; c'était inutile, vu l'usage du temps, et l'on n'était pas encore à l'époque où tous les détails s'inscriront dans les contrats. Néanmoins on peut se demander si Rotbald et Ginberge ne s'étaient pas entretenus de vive voix, avec l'abbé d'Ainay de la possibilité d'établir une chapelle dans leur propriété, d'y avoir leur sépulture, dans le cas où elle serait construite avant leur mort, et encore si l'un ou l'autre ou tous deux vivaient à l'époque de la construction. Toutes choses intéressantes à connaître, mais sur lesquelles les chartes sont muettes. Quoiqu'il en soit, leurs vœux seront exaucés au-delà peut-être de leurs espérances.

Outre le domaine d'Ainay, plusieurs autres exploitations existant à Silvaniacum, il fallait rendre plus

---

1. *Petit cart. d'Ainay.* Ch. 137.

commode le service religieux pour les serfs qui jusque-là devaient se rendre à Lintillacum ; la chose fut facile pour une abbaye riche en moines, possédant déjà un important prieuré à Chazay et des terres à Dommartin.

Est-il possible de déterminer par à peu près la situation du domaine de Rotbald, en se servant des limites même imprécises que fournit la charte ?

Naturellement la chapelle fut bâtie sur la propriété de Rotbald, ou tout au moins, l'abbaye d'Ainay possédant d'autres terres, sur l'une de ces terres. Cette chapelle a disparu depuis longtemps ; la tradition la place à la jonction des lieux appelés aujourd'hui le Jonchet, les Berjonnes et la Perdrizière, à gauche sur le chemin actuel dénommé de Lozanne à Rive-de-Gier.

Ledit domaine avec sa chapelle, *eadem terra atque capella infra fines de Silvaniaco,* était borné à l'est par la *Via francisca,* route qui conduit de Lyon en France. Selon les uns [1], cette route est à peu près celle d'aujourd'hui [2], quel que soit son point de départ de Lyon, et passant par la Tour-de-Salvagny. Selon d'autres, il s'agirait du chemin appelé plus tard, dans la traversée du territoire de Salvagny : chemin de Lyon à Châtillon-d'Azergues. D'autres encore placent la Via francisca plus à l'est, c'est-à-dire au treyve de la Femme-Morte, côté Dardilly, entre le Paillet et Carré ou Bellevue. Mais dans ce dernier cas, le domaine de Rotbald eût été considérable, et n'aurait pu se composer des unités citées dans

---

1. Aug. Bernard. — *Cart. de Savigny, Notice historique sur l'abbaye de Savigny.*

2. Non compris le tronçon depuis le Pont de la Marcruère jusqu'aux Trois-Renards, qui remonte seulement à 1730 ou environ.

l'acte de donation, même dût-on prendre le bois pour une grande forêt.

Il est vrai que sa donation comporte deux autres domaines situés également dans l'ager du Mont-d'Or, appelés l'un Vedrerias, l'autre Brugalias. On a pu identifier ces deux endroits : le premier est un hameau de Charbonnières, les Verrières ; l'autre est la partie nord du territoire de Lissieu. Une charte le délimite ainsi : borné au matin par Chasselay, *fine Cacellaco* ; au midi, par Lissieu, *fine de Lissiaco ;* au soir, par Marcilly, *Marcelliaco,* et au nord par *Mainciaco,* nom perdu, qui se retrouve peut-être dans Machy, ancien fief situé au midi de Chasselay [1]. Impossible de rattacher ces deux domaines à celui de Silvaniacum, vu la distance qui les sépare; vu que l'acte consenti par l'archevêque parle uniquement de Silvaniacum et que pour octroyer à la chapelle les dîmes jusqu'en cet endroit, il rencontrait sur son passage Darziliacum, Dardilly et Dommartin desquels il n'est pas fait mention.

Quant à la route dénommée dans les vieux contrats : de Lyon à Malataverne, ou à Deux-Rieux, ou à Châtillon-d'Azergues, nous avouons qu'en cet endroit, entre la Brochetière actuelle et la Dangereuse, allant du midi au nord, elle répond mieux aux termes de la charte, tandis que celle passant par Silvaniacum va de l'est à l'ouest, de sorte qu'elle ne pouvait servir de limites au domaine qu'au nord et au midi [2]. Disons

---

1. *Petit Cart. d'Ainay.* Ch. 50.

2. Le point de bifurcation de ces deux chemins est à la croix actuelle de Villedieu. Là aussi aboutissait le chemin de Dardilly à Brindas, par la Beffe, Laval, Marcy, où il se joignait à celui de La Tour portant le même nom. Brindas était l'aboutissant de nombre de chemins de la région, que suivaient les mulets allant à Rive-de-Gier chercher le charbon nécessaire aux forgerons.

cependant que l'orientation n'est pas tellement exacte qu'on ne puisse pas appliquer les termes de la charte à la route par Salvagny, car souvent les anciens, quand cela rendait leurs contrats plus faciles et plus clairs, prenaient le « levant de la saison d'été ». Et c'est peut-être le cas présent.

Il est donc difficile de se prononcer sur l'emplacement exact du domaine d'Ainay. Supposons que la route de Lyon à Deux-Rieux soit la Via francisca, il occupait alors tout ou partie du territoire compris entre Puits-Chin, Varennes, la Planchette, la Morellière, le Jonchet et la Ribaudière : dans cette dernière se trouve enclavé l'emplacement de la chapelle. Le texte de la charte est favorable à cette interprétation, car elle dit qu'au nord, une voie publique bornait partiellement. Ce n'est plus la Via francisca, mais le chemin de Dompmartin ou de Saleyeu. A cette époque, on distinguait parfaitement les différentes voies de communication [1].

Autre détail également favorable à ce sentiment. Les cartes terristes donnent à une partie relativement considérable du territoire ci-dessus délimité le nom de Terre-de-la-Croix. Est-ce en souvenir de ce que le domaine de Rotbald, situé là, aurait été l'occasion de l'érection de la chapelle dédiée à la Sainte-Croix, ou parce que près de cette propriété, se trouvait la Croix des Rameaux, ou bien encore pour les deux raisons réunies ?

Si la route conduisant en France passait réellement à Silvaniacum, et non plus sur ses confins, comme dans la première hypothèse, où elle aurait servi de

---

1. *Petit cart. d'Ainay.* — Ch. 31 et 181. *à mediâ die, viâ publicâ : à mane , viâ vicinabile*; *à circio, senderio vicinale.*

limites avec Dardilly et surtout avec Dommartin, la portion principale du domaine eut été un peu plus à l'ouest, comprenant toujours la Ribaudière, les emplacements de la Charrière qui n'existait pas encore, la Morellière, le Jonchet, Six-Sols avec la partie supérieure de Rosières et la chapelle se trouvait alors à l'extrémité-est du domaine. Quant à l'habitation, nulle témérité à admettre que la chapelle fut bâtie dans son voisinage. Or, la maison de la dernière Poste aux Chevaux est connue dans la famille de ceux qui la possèdent sous le nom de *maison du chanoine :* souvenir lointain de ce que là fut jadis une maison d'église.

Tout le monde connaît, au moins de nom, cette route qu'on appelle le chemin des Moines ; il existe encore tel quel en certains endroits, et par d'ailleurs, les chemins de toutes catégories l'ont emprunté. Si, sur la carte, on trace une ligne droite de l'Ile-Barbe à Savigny, on constate qu'elle passe exactement à la Butte, au-dessous du village, et que ce point est à égale distance des deux monastères. C'est là que se reposaient et moines et montures allant d'une abbaye à l'autre, et l'on ne s'étonne pas de rencontrer comme témoins au contrat les deux abbés de Savigny et de l'Ile-Barbe [1].

----

1. Voir appendices I, II, III.

CHAPITRE II

Dans le dénombrement des biens de l'église de Lyon, que renferme la célèbre charte de l'archevêque Burchard II, à la date de 984, se trouvent les mots : *Ecclesia de Salvaniaco cum appenditiis suis :* l'église de Salvagny avec les biens qui en dépendent. Voilà une preuve manifeste que, si la charte est exacte pour sa date quant au texte principal, elle est fautive dans l'énumération des biens, puisque, nous l'avons vu, la chapelle de la Croix est postérieure à l'an 993, et de plus elle appartenait à l'abbaye d'Ainay. On ne peut alléguer l'existence antérieure d'une autre église ou chapelle, car le pays à cette époque était trop peu habité pour deux églises, et l'archevêque, dans la charte d'érection, n'aurait pu qualifier la demande de Raynald « d'utile en tout et à tous, nuisible à personne : *in omnibus prodesse deberet, et nihil omnino noceret* ». Surtout il n'aurait eu aucun intérêt à lui fournir une dotation. Au reste, la tradition est ferme sur ce point; la première église de la Tour de Salvagny a été celle dédiée à la Sainte-Croix; Salvaniacum

14

se trouva compris dans Lentiliacum, duquel la charte
de Burchard dit : *Lentiliacum cum appenditiis suis*[1].

La même énumération parle d'un autre Salvaniacum : *Sancti Cypriani Salvaniacum*. Ce ne peut être
que Saint-Cyprien, hameau de la Chassagne aujour-
d'hui, autrefois annexe de Pommiers-sur-Anse[2]. De
même que présentement plusieurs lieux sont encore
appelés Bois, ainsi Bois-d'Oingt, Bois-Sainte-Marie, et
en plus petit, Bois-d'Alix, Bois-Seigneur, en ces temps
reculés, le même nom, plus ou moins déformé était
donné à plusieurs territoires, en raison de leur ressemblance. De plus, Saint-Cyprien constitua plus tard, avec
Anse et Ambérieu, une manse de l'église de Lyon[3].

L'église de Sainte-Croix possédait des revenus, le
droit de recevoir des donations, le droit de sépulture,
et c'était tout. Il faut en conclure que pour le reste,
baptêmes, mariages, devoir pascal peut-être, les
habitants étaient obligés de se rendre à Lentiliacum,
chef-lieu de la paroisse.

Le 26 février 1153 et le 17 novembre 1250, les
Papes Eugène III et Innocent IV confirmaient chacun
par une charte les prieurés, églises et autres biens
que possédait l'abbaye d'Ainay. Salvagny figure dans
la première charte sous cette rubrique : *Ecclesiam de
Salviniaco*[4] et dans la seconde : *Ecclesiam de Salviniaco cum pertinentiis suis*[5].

---

1. MÉNESTRIER. — *Hist. Cons. de Lyon*, p. IV, col. I. Le texte
de la charte de 984 que nous possédons mentionne des terres qui
n'ont été données à l'église de Lyon que longtemps après. —
Gallia Christ. IV. Instrumenta Eccl. Lugd.

2. *Cartul. de Savigny*. — II. Pouillé du XIIIe siècle.

3. *Almanachs du Lyonnais*, etc., antérieurs à 1790.

4. *Grand cartul d'Ainay*. — Ch. 34.

5. *Ibid.* — Ch. 6.

Faut-il en conclure qu'à l'époque de la première charte, Salvaniacum était déjà paroisse? Non, car si le terme de paroisse est employé pour désigner un diocèse, — *in parochiâ Viennensi, Gebuennensi,* etc.[1] — le mot église s'applique non seulement aux prieurés qui ne sont pas encore érigés en paroisse, comme Dommartin, mais même aux chapelles particulières. Nous ne pouvons pas davantage conclure négativement.

Mais entre la publication des deux chartes se passe un fait capable de nous fournir quelque lumière. Vers la fin du xiie siècle, ou au début du xiiie, les biens de l'église de Lyon furent divisés en deux parts; l'une adjugée à l'archevêque, l'autre au Chapitre. Celle-ci à son tour fut subdivisée en autant de parts que le Chapitre comptait de membres. Les mansions ou obéances — tel fut le nom de ces parts, — dont les revenus étaient plus considérables devinrent l'apanage des dignitairesdu Chapitre. Lentilly, chef-lieu d'une obéance, eut dès lors Salvagny pour annexe[2].

Voici que nous marchons sur un terrain plus solide. Un document certain, antérieur d'un demi-siècle à la seconde charte, nous apprend que Salvaniacum était déjà paroisse, car il fait mention de terres allodiales situées *in parochiis de Salvaneu et Lentilleu*[3].

---

1. *Grand cartul. d'Ainay.* — Ch. 34.

2. La plupart des historiens ont placé ce partage en 1173. D'après A. Steyert, le partage de 1173 serait celui fait entre l'archevêque Guichard et le Seigneur laïque, attribuant le Lyonnais au premier, et le Forez au second, le deuxième partage et la division en obéances n'ayant été effectués que sous l'archevêque Renaud (1193-1228).

3. Ce document, dont il sera reparlé, n'est pas daté. L'archi-

Donc à moins d'admettre une erreur du scribe copiant la nomenclature primitive, sans prendre garde aux changements survenus, il faut conclure, que déjà avant la charte d'Innocent IV, le service religieux avait été déclaré paroissial et transféré dans la Tour; d'où deux églises, la chapelle de la Sainte-Croix, bien d'Ainay; la nouvelle, bien des chanoines-comtes de Lyon, installée là où elle subsista jusqu'à nos jours.

II. — La Viguerie de Salvaneu.

Le document auquel nous venons de faire allusion, nous apprend que Salvagny possédait un viguier ou vicaire laïque [1]. Le premier viguier dont le nom soit parvenu jusqu'à nous s'appelait Roboud de Tacins. A une date, qui ne peut être postérieure à 1205, on trouve les traces d'un procès entre le susdit Roboud et Florus, obéancier de Lentilleu et Salvaneu. L'affaire portée devant le chapitre et son doyen Etienne, fut traitée à l'amiable; il en résulta la convention suivante :

---

viste Lemoine lui a donné la date de 1230. Mais M. Guigue a prouvé qu'il n'était point postérieur à 1205, et l'a placé entre cette date et celle de 1200.

1. Les viguiers (vicarii, vicaires, lieutenants), étaient les chefs des circonscriptions administratives d'alors, qui de leur nom, prenaient la dénomination de viguerie.... le *villiens* chargé de modestes fonctions administratives et fiscales dans les *villas*, dernière subdivision de la viguerie, est souvent appelé viguier, non pas que sa fonction, réservée aux roturiers, fut l'équivalent de celle d'un viguier proprement dit, mais parce qu'en réalité, il était dans son emploi, aussi subalterne qu'il fût, le vicaire ou lieutenant de son Seigneur.... au commencement du xii· siècle... quatre (vigueries) en Lyonnais : Lyon, Izeron, Oingt et Chamelet. (André Steyert. *Hist. de Lyon*. Ch. xi, pp. 306, 307).

A l'avenir le viguier prendra la troisième partie de tout ce que perçoit le seigneur-obéancier dans la « villa » et le mandement de Salvaneu, exception faite pour les redevances sur les blés hivernaux, le Grand-Bois, et le bois de Rosières, dans lesquels le viguier n'a rien. Le viguier percevra encore la moitié des redevances sur les blés tramois, plus la quatrième partie des redevances en argent dues par Durand Rodolphe, Dozanges, Jean Morel et Blanc d'Avollant, pour leur curtil ; par le même Blanc d'Avollant et Brun Gauthier, Blanc de Condamine, Garde, Charrotene, Polleters, Fabre, Etienne Vizio pour leur habitation ; par Pupon Pelet et Pierre Rossel, pour un pré ; encore par Blanc de Condamine pour un pré situé à la Leschère, et par Etienne Boschez pour une terre dépendant de son domaine de Dommartin. En plus, un quart sur les six deniers dus au seigneur sur le Jonchet, payables en mai : en plus, la moitié partout sur les *terragiis et braccagiis,* le quart sur les *brociis et riveriis* mis en vente. Enfin, sur chacun des domaines ci-dessus, le viguier prendra, — *ad carnodium* (?) — un chapon et un denier *d'arbefiajo* [1].

Voilà pour Salvagny ; il y en a autant et même davantage sur Lentilly [2].

En 1215, une contestation s'éleva entre Arnaud, seigneur-obéancier de Lentilly et Salvagny et le sieur Guillaume Anseus. Celui-ci avait épousé Allais, fille de Rolland de Tacins, apportant en dot la moitié de la

---

1. *Terragiis :* Champart, partage des fruits d'une terre. *Broccagiis :* Brassée, fagots. *Brociis :* Brosses, brousses, broussailles. *Riveriis :* bords des ruisseaux, probablement la coupe des arbres qui bordent les rives. *Arberiajo :* le cens dû pour le logement et la nourriture de la meute de chasse du seigneur.

2. *Archives du Rhône.* — Armoire Jacob. *Lentilly et Salvagny,* vol. 1, n° 2.

viguerie de Salvaneu. Guillaume offre d'en faire hommage audit seigneur. Celui-ci refuse, en alléguant que la viguerie ayant été aliénée en faveur d'un non-noble, elle ne pouvait passer à un chevalier, sans une nouvelle reconnaissance, tout comme si elle était une seconde fois aliénée. La raison est facile à deviner ; c'est la crainte de voir ériger la viguerie en fief héréditaire et indépendant, comme cela est arrivé plusieurs fois, au détriment des seigneurs primitifs.

Une transaction survint par l'entremise de Guichard de Marzé — de Marziaco — choisi comme arbitre. En échange de la reconnaissance faite selon la forme demandée par Guillaume Anseus pour la viguerie elle-même. celui-ci dut recevoir en fief tout ce que du chef de son épouse, il possédait d'allodial dans les paroisses de Salvaneu et Lentilleu, et des deux, du fief et de la viguerie, il rendit foi et hommage [1].

En juin 1249, Jarenton de Charnay, chevalier, Pétronille, son épouse, et Berthet, damoiseau, frère de celle-ci, vendent à messire Arnoult, doyen de l'église de Lyon, leur moitié de la viguerie de Salvaneu, plus toute leur part du bois de Plane-Forêt, avec tenants et aboutissants, biens appartenant en dot à la susdite Pétronille et audit Berthet, son frère. La première déclare ne se rien réserver dans toute l'étendue du mandement de Salvagneu — *sic* — et Berthet se réserve seulement trois champs : le champ de Garde, proche la Croix de Salvagneu, celui de Pierre de Camino, jouxte la borne de Vincent, et celui de Vizo de Val Trotier.

---

1. *Archives du Rhône.* — Armoire Jacob. *Lentilly et Salvagny,* vol. 1, n° 2.

La vente fut consentie au prix de soixante livres viennoises.

Jarenton, pour remplacer la dot de sa femme ainsi aliénée, affecta à cet effet quelques terres désignées dans l'acte, qu'il n'a pas été possible d'identifier, la paroisse n'étant pas même nommée [1].

En mai 1252, Messires Gaudemar, chamarier du Chapitre de Lyon, et Falcon de Rochefort, chanoine du même chapitre, co-seigneurs obéanciers de Lentilly et Salvagny, achètent de Bertrame de Tacins tout ce que celui-ci possède dans le bois de Plane-Forêt, avec les dépendances, terres cultivées ou non cultivées, plus ce qui lui appartient dans les deux champs Alviers — aujourd'hui : Alluvets ou Olivays — dont l'un est tenu par Pierre Petiz et Pierre, le fils de Germain, et l'autre par Pierre à Michel, plus encore tout ce que Bertrame possède par lui ou par d'autres dans les vignes de Laya, ses droits et actions sur le moulin du Bivet — Buvet — sur deux terres, une vigne et un pré situés dans le voisinage du moulin et du domaine qui est entre les mains de Martin, prévôt de Lentilly.

Cette vente est faite moyennant quatre-vingts livres viennoises, comptées en présence d'Elioz, l'épouse de Bertrame et de Rolland, son frère, tous deux donnant à la vente leur plein consentement [2].

Les obéanciers surent profiter de ce que Bertrame était criblé de dettes — *pro suis urgentibus debitis persolvendis* — pour rentrer en possession des biens détachés jadis à l'occasion de la viguerie. Le chanoine

---

1. Arm. Jacob. — *Lentilly,* etc., vol. 1, n° 3 *bis.*
2. *Ibid.*   *Ibid.*   vol. 5, n° 1.

Arnaud avait vu juste, puisque les biens étaient devenus héréditaires dans la famille d'un ancien viguier.

A remarquer que les mots de viguier et viguerie ne sont pas prononcés une seule fois dans l'acte de 1252; ils avaient déjà fait place au prévôt et à la chatellenie : *in tenemento quod tenet Martinus, præpositus de Lintilliaco.*

Nous sommes obligés de noter ici une reconnaissance par laquelle, le 30 octobre 1320, le damoiseau Perronnet-Aufrény confesse tenir en fief-lige de messire l'obéancier de Lentilly, à raison de l'Eglise de Lyon, tout ce qu'il possède dans les paroisses de Lentilly et Salvagny : il en rend foi et hommage et jure fidélité. Ceci pour mémoire, car la reconnaissance ne dit point sur quelles parties du territoire se trouvaient les biens d'Aufrény. Est-ce quelque terre allodiale devenue plus tard la Tour-Courtin ou Laube ? Est-ce aussi l'origine du futur fief de Cruzol ? Nous avons vu plus haut que la femme de Guillaume Anseus lui avait apporté en dot, avec la moitié des biens de la viguerie, d'autres fonds allodiaux pour lesquels Guillaume dut rendre foi et hommage. Serait-ce cette part passée entre les mains de Péronnet-Aufrény ?

III. — Autres Eglises possessionnées a Salvagny.

En premier lieu, l'abbaye d'Ainay. Les actes précédents nous l'ont montrée possédant au moins un domaine, une chapelle et le droit à des dîmes sur certaine partie du territoire. Il est à croire que les chanoines de Lyon firent avec l'abbé d'Ainay comme avec les héritiers des viguiers, qu'ils pratiquèrent ensemble, sinon des rachats, au moins des échanges. Ainsi on ne peut discuter sur la question

de la chapelle, elle était bien d'Ainay ; et pourtant
sur le plan de là Directe de la Tour, celui de 1778, il
n'existe pas la plus petite parcelle de terrain dans le
triangle formé par le chemin dit du Château à la
Croix des Rameaux, celui de la Charrière — la route
nationale — et le tronçon les rejoignant par le Jonchet et les Berjonnes, qui ne soit de la rente-noble
des chanoines-comtes de Lyon. C'est dans la partie
ouest de ce triangle que se trouvaient la chapelle, et
sûrement aussi quelques-unes de ses dépendances.
Ce fait à lui seul nous oblige à la conclusion énoncée
plus haut : des arrangements sont intervenus entre
l'abbé d'Ainay et le Chapitre de Lyon.

Parmi les terres qui ne sont pas de la Directe de
Lyon, toutes, sauf deux, sont disséminées un peu
partout, de petite étendue, incapables de constituer
un domaine comme celui de Rotbald. Sauf deux,
avons nous dit ; la première est la terre de la Croix,
dans sa partie avoisinant la maison d'habitation, et
comportant 45 bicherées. Sur la carte, on lit cette
mention : Directe inconnue. C'est étrange, mais c'est
ainsi. La deuxième, sur les confins de Dommartin,
comprend les terrains situés dans un quadrilatère
formé par le chemin de la Tour à Dommartin, le
ruisseau de Marnieu ou Malignieu, le bas de Saley et
l'ancienne tuilerie, aujourd'hui disparue, avec quelques-unes de ses dépendances. Ce dernier territoire
serait-il le produit de l'échange conclu entre Ainay
et le Chapitre? Il ne nous appartient pas de conclure [1].

Même difficulté pour les dîmes consacrées à l'en-

---

1. A ces domaines, il faut ajouter un assez important tênement
de bois entre les ruisseaux de la Beffe et la Grande-Rivière, ayant
toujours fait partie de la Seigneurie de Laval.

tretien et au service de la chapelle. Vint un jour où la chapelle ne fut plus utilisée pour le service religieux des habitants, le jour où celui-ci fut transféré dans la tour, et la communauté de Salvagny érigée en paroisse, annexe de Lentilly. Il serait surprenant si, à cette occasion, n'avait pas surgi quelque difficulté entre le Chapitre et l'abbé d'Ainay. On en devine la raison : l'archevêque Burchard a concédé des dîmes pour le service de la chapelle : celle-ci cesse d'être utile et utilisable, donc les dîmes doivent revenir à leur ancien maître. Il y avait matière à chicane, quitte aux intéressés à conclure ensuite à l'amiable un arrangement dont on pourrait peut-être trouver des traces dans un document de l'an 1439. Voici de quoi il s'agit.

L'abbé d'Ainay Antoine du Terrail, réclamait pour les deux tiers, les prébendiers de Sainte-Croix [1], pour l'autre tiers, les dîmes sur le territoire confiné par le treyve du Revel [2], le chemin des muletiers conduisant à Anse [3], le ruisseau de Marnieu, la Combe de Saleyeu, en revenant au treyve du Revel.

Les chanoines ne contestaient pas le droit de l'abbé d'Ainay et des prébendiers de Sainte-Croix à une dîmerie dans ce canton de Salvagny, mais ils la restreignaient considérablement, en lui enlevant toute

---

1. *Capella fundata inter Ecclesiam Lugdunensem et Ecclesiam Sancti Stephani ipsius loci, ad laudem et honorem beatorum Joannis et Stephani.*

2. Plus tard, treyve de la Planchetta.

3. *... itinerec tendente de Salvaniaco apud Ansam appellato iter mulorum —* C'est en effet par ce chemin, qu'au moyen-âge, passaient les files de mulets, venant de Rive-de-Gier, portant le charbon destiné aux forgerons de la région d'Anse et au-dessus.

la partie à gauche de la route allant à Dommartin, et jusqu'à la Combe de Saleyeu.

Le jugement donna raison aux uns et aux autres, en ce sens que, si le Chapitre récupéra la Combe de Saley, Ainay gagna celle de la Planchette. En effet, ce jugement porte que la dîmerie d'Ainay et des prébendiers partira du susdit treyve du Revel jusqu'au ruisseau de Marnieux, entre le chemin de Dommartin à Salvagny, et la Combe des prés de la Planchette, se dirigeant ensuite du même treyve au chemin de Châtillon-d'Azergues à Lyon [1]. Le Chapitre conservait la justice et tous ses autres droits seigneuriaux.

Cette sentence fut rendue le 1er novembre 1439, au nom du bailli de Mâcon, Sénéchal de Lyon, Théodore *ex comitibus Vallispargœ*, chambellan et conseiller du roi en ses armées ; Jean Grollier et Jean Berjon, prêtre, curé de Saint-Laurent-en-Viennois, tous deux notaires-greffiers ; présents : Humbert de Varax, chanoine et maître de chœur, réprésentant le Chapitre ; Antoine de Manso, les prébendiers de Sainte-Croix ; le prévot de Chazay, Jean Berjon de Dommartin, Jean de la Croix, de l'Arbresle, etc., pour le côté d'Ainay [2].

Malheureusement, cette charte si prolixe d'autre part, ne nous fournit pas le plus petit renseignement sur l'origine de cette dîmerie ; nous en sommes réduits à une hypothèse, séduisante il est vrai, mais

---

1. *A trivio prædicto de Revel usque ad rivum prædictum de Marnieux, inter iter tendens de Dompno-Martino apud Salvagniacum et cumbam pratorum de la Planchette, tendens à dicto trivio usque ad iter tendens de Castellione-Dassargua apud Lugdunum...*

2. Arm. Jacob. *Lentilly*, etc.. Vol. 8, n° 1.

24

pour le moment, ce n'est qu'une hypothèse. N'aurait-on pas, après la fin de la chapelle, transporté en cet endroit les dîmes de l'archevêque Burchard, et pour donner quelque satisfaction au Chapitre, n'aurait-on pas accordé aux prébendiers de Sainte-Croix le tiers de ces dîmes, en raison de ce que ceux-ci exerçaient les fonctions de curé pour le Chapitre, et en souvenir de ce que la chapelle qui jadis en bénéficiait était sous le vocable de la Sainte-Croix ?

Le 8 février 1650, le sieur Claude Pécoil, ayant acheté des héritiers Châlon, le domaine appelé aujourd'hui Villedieu, [1] lequel comprenait des terres situées au Comtal, à la Combe de la Planchette et environs, messire Camille de Neuville, abbé d'Ainay, par son procureur Séguin, le 22 mars ; les dames religieuses de l'Anticaille, par leur procureur, Antoine Jacquier, à la même date ; messire François de Rébé, archidiacre et comte de Lyon, par son procureur Guillomon, le 29 mars, prirent hypothèque sur la vente en raison de leurs droits seigneuriaux [2].

Par les chartes citées plus haut, nous avons vu que l'église collégiale de Saint-Paul possédait quelques terres à Salvagny. Le Polyptique qui donne toutes les redevances que percevait cette église au XIIIe siècle, n'en fait point mention ; dans l'intervalle, elles furent donc aliénées, nous ne savons en faveur de quel bénéficiaire.

L'abbaye de Saint-Pierre, d'après les mêmes chartes, possédait aussi quelques fonds à Salvagny. Seraient-ce ceux qui avant d'appartenir au sieur

---

1. Villedieu s'appelait auparavant : les Brosses, la Brossetière ou la Brochetière.

2. *Archives de Villedieu*. — Décret de vente 1650.

Pecoil, comme nous. le verrons plus loin, étaient détenus par les dames de Sainte-Marie de l'Anticaille et plus anciennement par le monastère de Deux-Rieux, qui les aurait reçus des dames de Saint-Pierre, à l'époque de sa fondation?

La charte par laquelle Philippe de Savoie, archevêque élu de Lyon, réorganisant le Chapitre de Fourvière, partage ses revenus en dix prébendes, place Salvagny dans la cinquième avec Dessines et Sainte-Foy. — Juillet 1263 —. L'église de Fourvière possédait donc à la Tour quelques droits et redevances. Nous n'avons pu les découvrir.

CHAPITRE III

Avant d'aller plus loin, il n'est pas inutile d'expliquer les différents modes qui mirent les habitants en possession du sol.

A cette époque, deux manières d'acquérir la proprité : le contrat dit de complant : *ad medium plantum, de medio planto*, et le bail par emphytéose.

Le Complant consistait en ceci : un propriétaire offrait une de ses terres à qui voulait la défricher, pour la mettre plus spécialement en vigne. Le contrat fixait un terme qui, dans les chartes que nous possédons, varie de trois à sept ans. Au bout de ce temps, la terre ainsi complantée était divisée en deux parts, l'une restant au propriétaire primitif, l'autre au cultivateur.

Ce type de complant, en usage dans les seuls diocèses de Lyon, Vienne et Mâcon, fonctionne déjà au x⁰ siècle [1]. La charte de Radoldus citée plus haut est un spécimen remarquable en ce genre. « *Ad integrum vobis dono ad medium plantum, quantum*

---

1. Bernard et Bruel. — *Cartul. de Cluny*. II, n⁰ 829.

œdificare potueritis usque ad annos III, et cum ad annos III pervenerit, una medietas ad me perveniat, et aliâ medietate quidquid facere volueritis, faciatis [1] ». Le nouveau propriétaire peut donc donner, vendre, en un mot aliéner sa part en faveur de n'importe qui, parents, étrangers ou églises.

Cependant bientôt le propriétaire primitif se réserva le droit de préemption ; en cas de vente ou mise en gage, on devait l'avertir trois fois, à intervalles séparés, lui demander un juste prix, lequel pour éviter les contestations, était fixé par des arbitres : *justi pretiatores*. Après refus, le nouveau propriétaire était libre d'agir à sa guise. La même charte de Radoldus renferme la clause de préemption :... « *eâ tamen ratione, si vobis necessitas evenerit a vendere, me vel successore meo III vices submoneatis a justa precia, et si nos facere noluerimus, quidquid facere volueritis, faciatis* [2] ».

Au début, la simple clause de préemption n'enlevait pas le droit de disposer par testament ou donation, en faveur de ses parents ou d'une église, des biens acquis par le fait du complant. Mais bientôt d'autres restrictions vinrent s'ajouter à la première : interdite ici la donation entre vifs [3] ; interdite ailleurs la vente sans le consentement du propriétaire primitif [4], ou à d'autres qu'à ceux ayant concédé le complant [5]. Puis le complant disparut. La raison en est simple : le propriétaire par complant possédait son terrain en alleu, mais demeurait isolé, sans défense.

---

1. *Petit cartul. d'Ainay.* Ch. 129.
2. *Ibid.* Ch. 129.
3. Chevalier. — *Cartul. de Saint-André-le-Bas.* Ch. 27
4. *Cartul. d'Ainay.*Ch. 143.
5. *Cartul. de Saint-Vincent-de-Mâcon.* Ch. 263.

Après l'anarchie du xe siècle, un commencement d'organisation sociale eut lieu ; les deux principaux éléments de cette organisation furent le seigneur et le tenancier : le seigneur qui protège, le tenancier qui est protégé, la royauté au-dessus, mais trop loin et ayant perdu son influence. Tout le système féodal, qui fut une nécessité du temps, est là. On comprend facilement que le possesseur d'une petite terre en alleu chercha vite à se rattacher, par un genre de tenure quelconque, à un seigneur puissant et fort, capable de le protéger.

La précaire — précaria — qui fonctionnait en même temps que le complant, qui même était exclusivement employée quand il s'agissait de bâtir [1], vint remplir ce but. Elle assurait au cultivateur la totalité des fruits de la terre qu'il avait défrichée, mais sa vie durant seulement, et moyennant une redevance. C'est l'apparition du Cens, prestation modique qui n'est pas en rapport avec la valeur de l'objet auquel il s'applique, mais sert à marquer la dépendance du cultivateur à l'égard du concédant [2].

Quelquefois cependant, cette jouissance était transmissible à une ou deux générations dans la même famille [3]. Il est à croire que beaucoup de ceux qui profitèrent de la précaire furent continués dans leurs enfants jusqu'à l'apparition de l'emphytéose, au xiie siècle, laquelle ne tarda pas à se substituer totalement au complant et à la précaire [4].

---

1. *Cart. de Saint-André-le-Bas.* Ch. 140.
2. *Cart. de Savigny.* Ch. 172.
3. *Cart. de Saint-Vincent.* Ch. 43 et 225.
4. Notes sur le complant et la precaria, par M. le D[r] Th. Taty, prises au cours de M. Lambert, professeur à la Faculté de droit de Lyon ; année 1898.

Pour définir l'emphytéose, telle qu'elle se pratiquait dans l'obéance de Lentilly, il suffira de citer un ou deux contrats de ce genre passés entre le Chapitre et les habitants.

Le 9 mars 1690, Joseph Damas de Marillac, doyen de l'église de Lyon, et seigneur-mansionnaire de l'obéance de Lentilly et la Tour de Salvagny, « de gré pour lui et ses succcesseurs en ladite église et obéance, a asservisé et abnévisé en emphytéose directe, censive et perpétuelle, portant lods, milods, ventes, reconnaissances, investizons en cas de vente, mutation, changement, aux us et coutumes dudit lieu, qui est pour le lod le sixième denier, et pour le milod, la moitié du sixième denier, la terre dite de l'Essart communal, de la contenance de vingt biche-rées à Antoine Dodat, dit l'Honoré, à charge d'un tiers de raz avoine, mesure de Lyon, pour cens et servis annuel et perpétuel [1]».

Le 13 septembre 1728, Alexandre d'Albon, archi-diacre de l'église de Lyon, seigneur-mansionnaire de la paroisse de Lentilly et la Tour de Salvagny, son annexe, « de son gré, en ladite qualité, et aux noms et sous le bon plaisir de MM. les doyen, chanoines et Chapitre de Lyon, comtes de Lyon, a abnévisé et asservisé en emphytéose perpétuelle à Claude Renard, maître-boulanger, laboureur habitant de la paroisse de Salvagny, une terre labourable de la contenance de dix bicherées, qui était ci-devant en bruyères, bois, broussailles, vières et hermages, sise rière et dans ladite paroisse de la Tour de Salvagny, territoire appelé Bois-Sutin, pour par ledit Renard et ses succes-

---

1. Arm. Jacob. *Lentilly*, etc. Vol. 10 *ter*.

seurs ou ayant-cause, jouir, user et disposer dudit fonds à lui abnévisé, remis et délaissé à titre de rente, cens et pension emphytéotique, dès à présent et à perpétuité, sous et à la charge du cens et servis annuel et perpétuel d'un sol tournois, ledit cens non rachetable, portant lods, milods, ventes, reconnaissances et autres droits seigneuriaux dûs et accoutumés de payer à la rente noble de Lentilly, à la Saint-Martin d'hiver, qu'il s'engage à payer, tant que lui et ses successeurs seront en possession de cette terre [1]». Contrat ratifié par le Chapitre le 27 janvier 1729.

Ainsi « les seigneurs fonciers d'il y a cinq cents ans, proposaient au paysan de devenir propriétaire en devenant fermier, par le bail à cens et autres systèmes de tenures. De fait, il l'est devenu ; mais après avoir transformé le guéret à force de bras, cette génération de paysans-propriétaires n'a point proposé aux générations suivantes un marché analogue, qu'elle eût regardé comme une spoliation [2] ».

Il est une formule brutale, mais concise, résumant les droits seigneuriaux : « Seigneur dans toute l'étendue du ressort, sur cou et sur tête, eau, vent et prairies ». C'est pourquoi nous trouvons un grand nombre d'actes achevant d'abnéviser les eaux *fluentes*, et cela sur tous les versants du territoire : sur le chemin de la Tour à Brindas, en faveur de Claude Giraud (10 janv. 1680) ; sur le chemin de la Puizetière à Marcy — c'est le même chemin — en faveur d'Antoine Merle (10 nov. 1692) ; sur le chemin de la Tour à Dommartin, en faveur de Guillaume Milo

---

1. Arm. Jacob. *Lentilly*. Vol. 10 *ter*.

2. D'Avenel. — *Les Français de mon temps*. Ch. 8. *La Fortune et l'Argent*.

(25 janv. 1693) ; sur le chemin de la Tour en Pleine-Serve, en faveur de Jeanne Bost, veuve d'Antoine Perret ; d'autres en faveur de Georges et Benoît Fayard, de Gabriel Cattin, pour abreuver trois prés situés sur la route de la Tour à Lentilly, etc., etc., toutes abnévisations sous le servis d'un sol ou d'un demi-sol tournois portant lods et milods [1].

Bref les chanoines firent si bien qu'en 1790, ils ne possédaient plus rien sur le territoire de la Tour de Salvagny, sauf leurs droits seigneuriaux. Les brefs de vente des biens nationaux en fournissent la preuve péremptoire. Aucun ténement ne porte leur nom, malgré que les habitants de la Tour aient prétendu à 50 bicherées du Bois-Seigneur, prétention dont ils furent déboutés plus tard, ainsi que nous le verrons.

Deux questions viennent à l'esprit. Pourquoi le Chapitre aliénait-il ses possessions à la Tour? Impossible de le savoir par lui-même, les actes ne renfermant pas la plus petite insinuation à ce sujet. Il est néanmoins permis de conjecturer que d'une part, le terrain n'étant pas de première qualité ; d'autre part, la mise en culture procurant trop d'embarras, le Chapitre trouva avantageux de procéder ainsi, et les habitants n'eurent pas à s'en plaindre.

La seconde question est plus délicate. Le Chapitre avait-il le droit d'aliéner au même degré qu'un seigneur laïque ? En principe, non. Le bien appartenait à l'église de Lyon, et non au Chapitre, qui n'était qu'usufruitier. Or, l'usufruitier ne peut disposer que

---

1. Arm. Jacob. *Lentilly*. Vol. 10 *ter*. — Les eaux *fluentes* sur la *route de Paris à Lyon par le Bourbonnais*, étaient abnévisées par les officiers du Roi, du moins au xviiie siècle. Papiers de Villedieu.

de son usufruit, et seulement sa vie durant. De plus, les chartes et bulles des Papes confirmant la possession des biens d'église, contenaient toutes la défense d'aliéner. Mais en pratique, dans la France surtout, existait la coutume contraire, fruit du gallicanisme royal et parlementaire, comme aussi du gallicanisme ecclésiastique, d'accord pour donner au roi le pouvoir inouï d'arrêter les bulles des Papes et les décrets des Conciles. Enfin, circonstance atténuante, les chanoines pensaient sauver le principe en spécifiant une censive non rachetable, de sorte que si un bénéficiaire de l'emphytéose cessait de payer les redevances annuelles, le Chapitre rentrait dans sa propriété. Cela dut arriver plusieurs fois, puisque le plan géométral de la Directe, à la date de 1778, porte quelques parcelles avec la mention : Vuide.

On sait que pendant la nuit du 4 août 1789, « nuit, où dans une ivresse de dévouement, tant de gens sacrifient ce qui ne leur a jamais appartenu [1] », les députés du clergé ne furent pas les derniers à renoncer à leurs droits seigneuriaux, du moins à ce qu'ils croyaient leurs droits, tandis que c'étaient les droits de l'Eglise. En ne s'associant pas au vote de l'assemblée, ou bien s'y associant avec la réserve de l'agrément du Chef de l'Eglise, ils n'eussent rien sauvé de ces droits séculaires. Mais combien il est doux pour celui qui a tout perdu, de pouvoir se dire : au moins, j'ai sauvé ma conscience !

------

1. Frédéric Masson. — *Napoléon et sa famille. Joséphine de Beauharnais.* XI., p. 173.

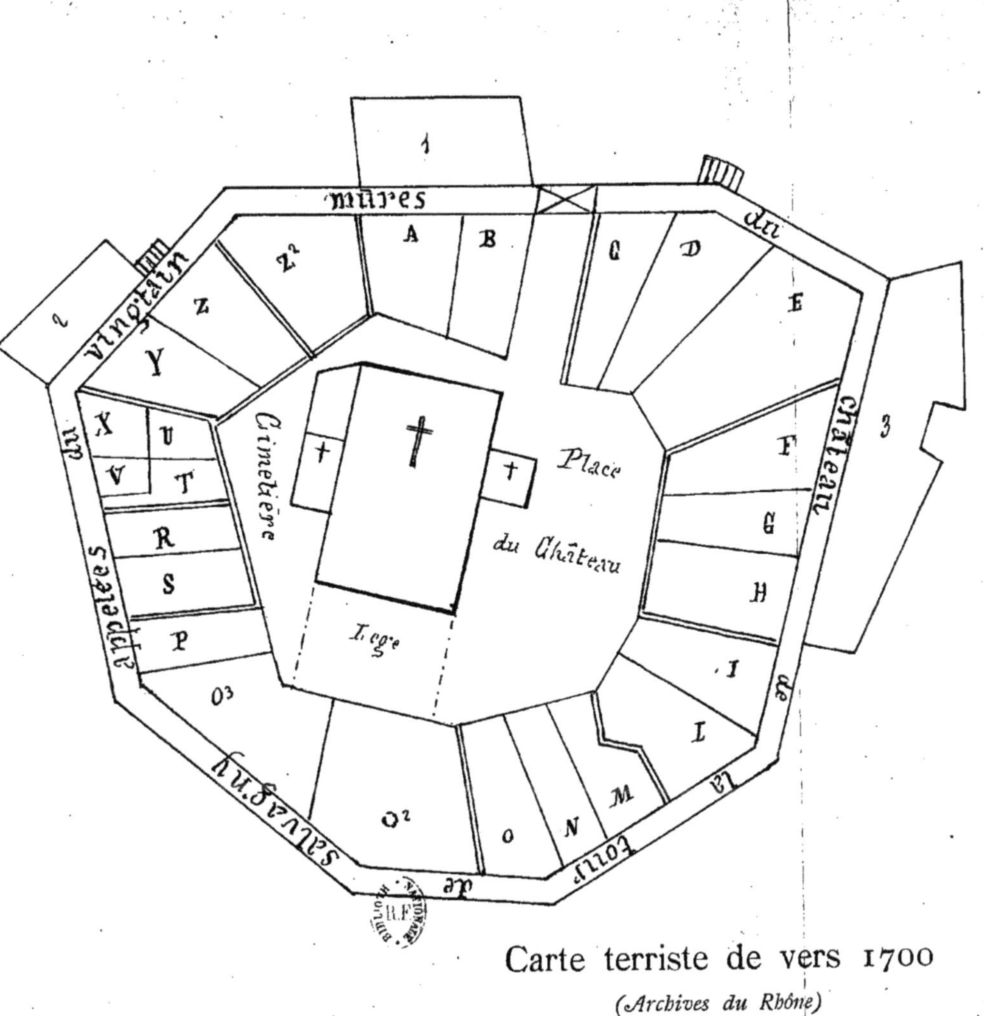

Carte terriste de vers 1700

(Archives du Rhône)

CHAPITRE IV

I. La tour.

L'étranger qui, pour la première fois, arrive à la
Tour de Salvagny, pose invariablement cette question :
Où donc est la tour ? — Mais vous y êtes, lui répond-
on. Il doit reprendre sa question sous une autre forme
pour obtenir le renseignement désiré, et ce n'est pas
sans quelque embarras qu'on lui dit : La tour ? elle
n'existe plus, on l'a démolie. — Hélas ! ni peintre, ni
paysagiste ne l'a honorée de son pinceau ; aussi les
amateurs de cartes illustrées ne la posséderont jamais
dans leur collection. Essayons de la reconstituer, en
nous aidant d'un plan cadastral et d'un rapport d'architecte.

La vieille tour formait un parallélogramme de
14 mètres de longueur sur 6^m 80 de largeur ; sa hauteur atteignait environ 20 mètres, non compris le
toit à quatre pentes, très peu élevé, comme le toit
des anciennes églises, en Lyonnais. Au levant et au
couchant, une fenêtre plein-cintre presque à fleur de
toit ; au nord et au midi, des façons de créneaux irréguliers formant trois ouvertures ; quelques meur-

trières à différentes hauteurs; l'unique porte plein-cintre au couchant, et deux fenêtres sur les grands côtés pour éclairer le rez-de-chaussée, celui-ci voûté en berceau à 8^m30 au-dessus du sol.

A l'intérieur, contre le mur du nord et celui du midi, trois piliers de 0^m35 de saillie sur 0^m52 de large, plus un demi-pilier à chaque angle; les uns et les autres, sans chapiteau, laissaient entre eux quatre enfoncements, couronnés par des arcades de plein-cintre. Enfin les murs avaient de la base à l'extrados de la voûte 1 mètre d'épaisseur, 1^m20 au couchant, et s'élevaient, en diminuant intérieurement par trois retraites, jusqu'à leur sommet réduit à 0^m35 [1].

Ainsi rien de plus simple que cette tour; pas la plus petite fantaisie, pas le moindre ornement. Cela nous indique, à défaut de document écrit, l'époque approximative où elle fut construite; car durant la période romano-bysantine primordiale, c'est-à-dire jusqu'à l'an 1000, « les nombreuses arcades inté-rieures... simulées sur les murailles pour en dégui-ser la nudité, étaient toujours en plein-cintre et d'une grande simplicité...; les cintres ne reposent jamais sur des colonnes, mais constamment sur des pilas-tres larges et écrasés[2] ». La construction de la tour remonte donc à une époque qui ne peut être posté-rieure aux environs de l'an 1000.

II. Le vingtain.

On connaît la vieille litanie du moyen-âge : *des grands chemins, des grands châteaux, des grandes rivières, délivrez-nous, Seigneur !* Salvagny se trou-

---

1. *Archives communales.* — Dossier de l'Eglise. Rapport de l'architecte Pérenciel, 1825.
2. Bourassé. — *Archéologie.* Ch. vi, p. 138.

vait sur une grande route, la route de France, l'une des plus fréquentées ; d'autre part, les propriétaires soit laïques, soit ecclésiastiques avaient des serfs pour cultiver leurs terres. C'est pourquoi les archevêques de Lyon firent à Salvagny comme dans leurs autres possessions, ils construisirent des châteaux-abris pour protéger leurs tenanciers. Ainsi dans le Mont-d'Or, Chasselay, Dardilly, Saint-Romain, Couzon, Albigny, Saint-Germain, et plus loin, Lentilly, le Bois-d'Oingt, etc. Les abbayes en firent autant pour elles-mêmes et leurs prieurés. Partout s'éleva ce genre de fortification appelé par la suite vingtain [1], Salvagny eut le sien à la même époque. Le vingtain renfermait toujours le château, celui-ci souvent rebâti, agrandi ou remanié selon les besoins ou les goûts de l'époque ; à Salvagny, il ne renfermait que la tour. On n'en appelait pas moins l'ensemble : « le château [2] ».

Le vingtain formait une enceinte octogonale, à pans irréguliers, d'environ 105 mètres de tour ; les murs ayant 1m 10 d'épaisseur à la base, s'élevaient assez haut [3]. La superficie totale était d'environ 1000 mètres carrés ; la tour placée presque au milieu occupait avec

---

1. Le vingtième de l'impôt était consacré à sa construction et à son entretien, d'où le nom.

2. *Archives du Rhône.* — Armoire Jacob. Directe de Lentilly et la Tour-de-Salvagny. Carte terriste et plan géométral, etc. Le mur d'enceinte est exactement figuré dans tout son développement.

3. Copie de lettres de M. Jean Gonnard, maire : « Le cimetière qui est au-devant de l'église est renfermé par des murs très élevés — ceux du vingtain — que pour la salubrité, il conviendrait de démolir jusqu'à hauteur d'appui, du côté dudit cimetière, qui se trouverait encore suffisamment clos, attendu que sa superficie est élevée de 2 mètres au-dessus du terrain qui l'entoure ». Réponse à M. le Préfet du 1er octobre 1818.

36

ses murs 95 mètres, et sans les murs 57 mètres. Une seule porte d'entrée dans le vingtain, située au levant « de la saison d'été ».

Tous ceux qui ont parlé des origines de la Tour-de-Salvagny se sont exprimés de la même manière, se copiant sans doute les uns et les autres [1]. Les habitants, disent-ils, obtinrent en 1446—c'est en 1447—la permission de bâtir, auprès de la tour, un bourg avec une enceinte garnie de murailles, parce que, à cette époque, il ne pouvait être créé dans le Lyonnais aucun nouveau village, sans qu'il ne fût fortifié et muré [2]. Nous ne contestons pas cette obligation, mais elle ne put être imposée aux habitants de la Tour, par la raison que les murailles existaient déjà. Le premier coupable en cette affaire semble être l'auteur d'un répertoire des actes capitulaires de Saint-Jean, dans lequel on lit le résumé suivant : « Le Chapitre permet aux habitants de la Tour-de-Salvagny de faire des murailles autour de la tour du château et de faire un bourg », alors qu'il aurait dû écrire : « le Chapitre permet de faire un bourg autour des murailles ». A défaut du texte de la transaction survenue entre les représentants du Chapitre et les habitants, nous pouvons nous appuyer sur celui de la permission donnée à la date du 9 juin 1447.

« *Quo die dicto, Domini capitulantes licentiam*

---

1. *Almanachs hist. du Lyonnais*, etc., antérieurs à 1789. — Debombourg. *Atlas historique*. — Ogier. *La France par cantons*, etc., etc.. *Annuaire du département du Rhône*, 1868. — *Dictionnaire illustré des communes*, par E. de Rolland et Clouzet. « Au xve siècle le village fut fortifié, et suivant l'usage, les habitants durent contribuer à l'édification des murs de défense ». P. 559.

2. Niepce. — *Histoire de l'Ile-Barbe*, p. 446.

contulerunt hominibus et habitantibus Turrim Salvi-
niaci construere et œdificare circum circa turrim unam
bassam-curiam, seu burgum statum ut ex operariis
fuerit ordinatum, præsentibus viris discreti nominis,
Cornelione Cointis, vice-magistro, Joanne de Fossis
et Matheo Roberti, presbiteris chorialibus dictæ Ecclesiæ
testibus [1] ».

« Le Chapitre permet aux gens et habitants de la
Tour de Salvagny de construire autour de la tour
dudit lieu une basse-cour ou bourg, selon la forme
qui sera présentée par les régisseurs de l'œuvre du
Chapitre, Cornelion Cointis, sous-maître, Jean des
Fossés et Mathieu Roberti, hommes de bon renom».

Il est difficile d'admettre que la construction de la
muraille soit sous entendue dans les termes « suivant
la forme qui sera présentée », la condition nous parait
d'une trop grande importance, pour n'être pas mentionnée, même dans un résumé de la convention à
exécuter.

Il est encore plus difficile d'admettre que vingt à
trente laboureurs aient pu faire les frais d'une muraille de pareille importance, pour arriver ensuite à
construire les misérables bicoques dont on peut
encore voir des spécimens.

Il est difficile d'admettre également que les sei-
gneurs-obéanciers, obligés par devoir de protéger
leurs tenanciers, aient attendu jusqu'au moment où
le Lyonnais n'était plus le théâtre de la guerre, pour
songer à garantir ceux-ci et leurs troupeaux ; et encore,
ce qui est plus monstrueux, à leurs frais et dépens.
Qu'on n'allègue pas la tour comme lieu de refuge ;

---

1. *Archives du Rhône.* — Registres capitul. Livre 18, fol. 41.

si elle pouvait suffire à la rigueur pour les habitants, avec ses 57 mètres carrés, que devenait alors le bétail ?

De la porte d'entrée il existe encore un pied droit, sur lequel on distingue à peine la naissance de l'arc qui la surmontait ; or, les anciens qui ont gardé le souvenir de cette porte, le maître-maçon qui l'a démolie, tous s'accordent à dire que l'arc était de plein-cintre : chose inouïe en plein xve siècle [1].

Jusqu'à preuve du contraire, notre conclusion est celle-ci : la permission octroyée par le Chapitre était une faveur accordée aux habitants, et non une charge. On leur permettait de se servir du mur d'enceinte pour appui des maisons qu'ils voudraient bâtir, de sorte que chacun n'avait plus qu'à élever un mur dans l'enclos à ses frais, et les murs de refend ou séparation à frais communs, avec les voisins mitoyens.

Il serait intéressant de connaître les termes mêmes du diplôme de la concession ; les différents répertoires de nos archives ne mentionnent que la permission citée plus haut. Peut-être se trouve-t-il dans les documents non encore soumis à la légitime curiosité du public ; ou bien a-t-il été perdu. Il le fut une première fois, car le 12 juin 1476, le Chapitre confirme à nouveau l'ancien accord, à la prière des habitants, dont le titre est devenu incomplet par suite d'usure, déchirure ou autre accident [2].

---

1. On cite pourtant quelques exceptions ; mais alors elles sont commandées par des constructions antérieures et par certaines dispositions qui rendent impossible l'emploi de l'arc ogival. Ici rien de pareil.

2. *Archives du Rhône.* — Registres capit. Liv. 25, fol. 323. — Il est vraisemblable que le diplôme donné aux habitants ne différait pas de celui des cartes terristes, sauf pour l'échelle.

Les régisseurs du Chapitre divisèrent l'enclos en un certain nombre de parts, probablement en autant de parts que la communauté comptait de chefs de famille. Une carte terriste de 1684 et le plan géométral de 1778 portent l'une 21, l'autre 20 divisions, non compris la « ruette » de l'unique porte située à l'orient. Toutes furent aliénées, une seule restant vacante, « à la main du seigneur » pour faciliter l'entrée de l'église, au couchant.

La limite intérieure du terrain concédé, sans être absolument parallèle à la muraille de défense, formait un second octogone, très irrégulier, inscrit dans le circuit à huit pans, sans encoche, mais avec des angles se dirigeant dans le sens de ceux de la muraille elle-même. La profondeur dans l'enclos variait de 6 à 8 mètres, le vingtain faisant une assez forte pointe vers le S.-E.

Il est vraisemblable, avons-nous dit, qu'au début, tous les habitants furent propriétaires dans l'enclos, les uns plus, les autres moins. En 1624, près de deux siècles après la permission donnée par le Chapitre, on comptait plus de cinquante propriétaires : les uns, d'une maison haute et basse ; les autres d'un cellier avec chambre au-dessus ; d'autres d'une chambre superposée à un cellier qui ne leur appartenait pas ; d'autres d'une chambre ou moitié de chambre indivise entre deux et même trois personnes [1].

Ainsi le terrier de cette époque mentionne cinq maisons hautes et basses, pour la construction des-

---

1. *Archives du Rhône*. — Directe de la Tour de Salvagny. — Terrier Lorivière.

quelles la muraille du vingtain fut naturellement surélevée ; 33 celliers dont 9 communs à deux ou trois propriétaires ; plus 30 chambres, et quelles chambres ! Il faut ajouter une « masure ou place » appartenant au seigneur-obéancier, Antoine de Gilbertès, achetée par l'un de ses prédécesseurs, Antoine de Talaru à Pierre Pusel, dit Matellon et à Jean Guillot, dit Prost, à la date du 11 mars 1531, plus une maison haute et basse achetée par le même à François Vizo, dit Penin et à son fils, le 14 avril 1532 [1]. Il faut encore ajouter la maison dite de la confrérie et les emplacements non bâtis — quelques-uns ne le furent jamais — dont l'un appartient pour « les cinq octaves à Jean Guillot, et pour les trois autres indivis à Claude Guigonnand, Benoît et Antoine Perret [2] ».

On se demande ce que devaient être ces celliers, quand on songe que le tout était réparti sur une surface d'environ 700 mètres, le vingtain tout entier n'en ayant qu'un millier. Actuellement, à la Tour, on entend par cellier un réduit servant à mettre les outils ordinaires du travail des champs, et de refuge en cas de mauvais temps. A cette époque, la signification était-elle la même, ou bien doit-on l'entendre dans un sens plus large, celui d'une cave à loger les tonneaux et même le vin ? Il est probable que non, car le plan cité plusieurs fois donne en pointilé l'un d'eux : sa superficie est de 6^{m}50. Enfin, dernière particularité, quelquefois deux celliers étaient adossés, l'un ayant sa porte d'entrée sur le chemin de ronde, et l'autre « dans le château ».

---

1. *Archives du Rhône.* — Directe de la Tour de Salvagny. — Terrier Lorivière. vol. 5.
2. Voir appendice IV.

En 1684, on comptait encore trente-deux propriétaires dans l'intérieur du vingtain ; en 1778, ils ne
sont plus que vingt-cinq, dont six possèdent des
chambres au-dessus du cellier des autres. Il y a moins
de dix ans, on voyait encore une de ces maisons
hautes et basses avec trois propriétaires. Celui du
premier étage, afin de pouvoir l'utiliser, avait pratiqué une brèche dans la muraille ; cette brèche permettait d'en juger et l'épaisseur et l'appareil.
Aujourd'hui, l'enclos du vingtain tout entier appartient à six propriétaires, et l'un d'eux ne possède,
sous la chambre d'un autre, qu'une sorte de cave,
l'antique cellier de nos pères.

A l'Est et au Sud-Est, le chemin de ronde, beaucoup plus large qu'ailleurs, formait et forme encore
une place : le Plastre, comme on disait et écrivait
assez souvent, non-seulement à Salvagny, mais
aussi en d'autres pays. C'est là qu'est le vieux
« Sully » et le puits banal, plus vieux encore, remarquable en ce que, situé au plus haut point du village,
il ne tarit jamais.

Enfin le plan nous montre, accolées à la muraille
extérieure, trois maisons bâties à des époques incon-
nues : une à l'Est, c'était le presbytère, une deuxième
au Nord-Est, et la troisième au Sud ; elles existent
toujours.

CHAPITRE V

LA TOUR DEVENUE ÉGLISE.

A quelle époque la tour a-t-elle été convertie en église, pour remplacer la chapelle de la Sainte-Croix ? Impossible de le savoir ; la tradition elle-même est muette à ce sujet [1]. On ne peut se livrer qu'à des conjectures basées sur les points suivants : la tour étant orientée comme une église, ayant une voûte d'une grande élévation, — 8^m 30 — supérieure de beaucoup à celle des bâtiments ordinaires, a bien pu être construite avec l'idée de servir à double fin, c'est-à-dire d'église et de forteresse.

D'église, la chapelle primitive devenant tout aussi-tôt trop petite par la force des choses. En effet, l'Eglise de Lyon, l'abbaye d'Ainay, les propriétaires laïques faisaient cultiver leurs terres, et les deux premières au moins avaient des serfs. La famille de ceux-ci augmentant, il fallait augmenter les ressources. Ce n'était point les coupes de bois qui pouvaient réaliser

---

1. Le seul renseignement recueilli de la bouche des anciens, sur ces temps reculés, est que la communauté comptait 80 habitants, au moment où la tour commença à servir d'église — Témoignage de M. André Tisseur.

totalement ce but, attendu que les bois très nombreux dans la région ne trouvaient pas des débouchés suffisants pour la vente. Il fallait donc défricher, et l'on défrichait, on augmentait la superficie de terre à ensemencer, et *comme il faisait bon vivre sous la crosse*, il arriva, nous l'avons vu, que même les serfs obtinrent de l'Eglise la propriété des terres qu'ils cultivaient. Cette facilité d'acquérir explique facilement l'accroisssement lent, c'est vrai, mais constant de la population.

De forteresse, vue sa hauteur et l'épaisseur de ses murs. Bâtie à l'endroit le plus élevé et en même temps le plus agréable quant à la vue, là où commence la pente de la colline réchauffée par le soleil de midi, elle offrait le meilleur observatoire, soit pour la curiosité des yeux, soit pour découvrir au loin les bandes armées qui, si souvent durant le moyen-âge, sillonnèrent le pays, donner ensuite l'alarme et faire rentrer tous les habitants dans l'enceinte, à l'abri des épaisses murailles [1].

Un chapitre ne serait pas de trop pour énumérer tous les pays variés que, du sommet de la tour, on pouvait contempler. Contentons-nous d'indiquer la ressemblance de ce beau panorama avec celui vu du haut de Fourvière, dont il est, pour ainsi dire, le complément.

Y aurait-il témérité à admettre que la tour est devenue église, le jour où la petite communauté de

---

[1]. La Société de géographie de Lyon, a fait poser une plaque indicative au sommet du village. Elle porte : altitude : 267^{m}28 — Gare — Renseignement précieux pour les piétons qui, en le lisant, ne pensent pas qu'ils sont à la hauteur de 350 mètres.

44

Salvaniacum est devenue elle-même paroisse, annexe de Lintilliacum, au plus tard, quand furent constituées les manses canoniales, vers la fin du xiie siècle?

Voici deux procès-verbaux qui nous fournissent quelques renseignements sur la tour-église : le premier est celui de la visite canonique faite le 28 février 1469, par les délégués du cardinal de Bourbon.

« *Fiat copertura navis dicte exclesie intermedia nova ;*

« *Habeant officia Corporis Christi et Transfigurationis Domini ;*

« *Habeant unam casulam pro diebus solemnibus ;*

« *Ponantur etiam acuti super copertura fontium ;*

« *Augeatur in altum et longum fenestra vitrata coram altari dicte ecclesie ;*

« *Luminarius Johannes Rueton, cui et aliis parochianis dicti loci fuit injunctum, quatenus infra unum annum post venturum faciat fieri supradictas sub pœnâ excommunicationis et quinque librarum Turonensium.*

« *Concordaverunt ad XXII solidos Turonenses* [1] ».

C'est-à-dire : Réparer la toiture de la nef ; célébrer dorénavant la Fête-Dieu [2] et la Transfiguration ; se procurer une chasuble spéciale pour les jours solennels ; consolider le couvercle des fonts baptismaux ;

---

1. *Biblioth. Nat.* — Fonds latin, n° 5529.

2. Il ne s'agit point, croyons-nous, de l'office et de la messe du Corps de N.-S., mais de la procession. La fête elle-même fut instituée en 1224, par Urbain IV, qui dans sa Bulle, ne parle pas de procession ; c'est la piété des fidèles qui mit celle-ci en usage ; de là vient qu'elle ne s'établit que sucessivement dans toute l'Eglise. Elle est mentionnée dans les diocèses de Paris, Chartres, Sens, Tournai dès le premier quart du xive siècle. Un chroniqueur milanais dit que « le jeudi, 29 mai 1404, on porta pour la première fois solennellement le Corps du Christ dans les rues de Pavie, comme il est passé depuis en usage » (Dom Guérenger. — *L'Année liturgique*). Est-ce que le diocèse de Lyon fut un

élargir en tous sens la fenêtre située derrière l'autel. Le luminier Jean Rueton et les habitants sont avertis que si, au bout d'un an à partir de ce jour, ces prescriptions ne sont pas exécutées, ils seront passibles de l'excommunication et d'une amende de cinq livres tournois.

Comme le Chapitre avait à sa charge le chœur de l'église, il fut convenu que les habitants participeraient pour XXII sous seulement à la réfection du toit. Le reste peut se passer de commentaires.

Le deuxième procès-verbal est du 8 avril 1660 :

« Cette église, annexe de Lentilly, est dédiée à Saint-Ennemond ; elle est voûtée et en assez bon état. Sur le maître-autel, il y a un tabernacle doré, et au-dedans un ciboire d'argent, où repose le Saint-Sacrement, avec une bourse pour le viatique, le tout nettement tenu.

« Il y a en cette église un calice d'argent, deux chasubles, l'une de satin blanc, l'autre de taffetas à fleurs, et peu de linge. Le susdit tabernacle, ni les fonts-baptismaux ne ferment point à clef ; les eaux néanmoins sont pour le moment proprement tenues, ainsi que les Saintes Huiles. Le cimetière est bien clos et fermant à clef. Le luminaire n'est entretenu que d'aumônes.

---

des derniers ? ou bien la luminaire de la Tour était-elle trop pauvre pour faire les frais d'une procession solennelle ?

Quant à la fête de la Transfiguration, le Pape Calliste III l'avait instituée en souvenir de la victoire de Belgrade, remportée par Jean Hunyrade sur Mahomet II, le 22 juillet 1456. Le Pape en avait fixé la célébration au 6 août, jour où la victoire fut connue à Rome. *Brevarium Romanum. In festo Sancti Joannis Capistrani.*

46

« En la nef de ladite église, du côté de l'Evangile, est un autel sous le vocable de Notre-Dame, où est établie une commission de messes à dire, une par semaine, du revenu de 15 livres, assignées sur des fonds sis dans ladite paroisse. Il y a environ 150 communiants.

« Nous y avons trouvé messire Jacquet, vicaire approuvé, ainsi qu'il nous a fait voir par sa permission, avec ses lettres d'ordre et régistres baptistères que nons avons trouvés en bon état.

« Le presbytère consiste en une petite chambre et un cellier en bon état. Nous avons ordonné aux luminiers de faire fermer à clef le tabernacle et les fonts-baptismaux [1] ».

Peu de choses à dire sur ce procès-verbal : comme le premier, il respire la pauvreté du commencement à la fin. Deux chasubles ! on ne dit pas si elles étaient à double face, c'est donc douteux. Point de clef au tabernacle : incurie ou extrême confiance en la probité des allants et venants? Mais voici un renseignement qui a son importance, c'est le nombre des communiants, c'est-à-dire de ceux qui sont obligés au devoir pascal. Il nous servira à trouver le chiffre approximatif de la population totale. Pour cela, il suffit de compter les naissances, en remontant de treize années, l'âge moyen de la première communion [2]; en déduisant le nombre des enfants morts pendant la même période, et ajoutant, si l'on veut,

----

1. *Archives du Rhône.* — Procès-verbal des visites.

2. On trouve au xviii⁰ siècle des premiers communiants de 15 à 19 ans. Cause : les idées jansénistes dont trop de curés à cette époque, étaient infestés. Consulter : *Archives des anciennes communes : Châtillon-d'Azergues,* p. 198.

de cinq à dix personnes, pour les familles nouvelles venues au pays durant le même temps, on arrive ainsi au chiffre de 70 à 80, ce qui avec les 150 communiants du procès-verbal, donne un total de 230 à 240 habitants.

La plupart des historiens ont cru que le chiffre indiqué dans les pouïllés était le chiffre exact de ceux qui communiaient à Pâques. Ils se sont trompés, car le mot de *communiants*, dans le langage des Registres-pouïllés ne signifie pas *communicantes*, qui communient, mais *communiandi*, qui doivent être communiés, qui sont soumis à la communion pascale [1]. Il est regrettable que le souci de la vérité ne leur ait pas fait corriger cette erreur dans leurs éditions subséquentes.

Le procès-verbal ne nous parle pas de la tribune. Un mauvais escalier placé à l'intérieur, au coin droit de la porte de l'église, y conduisait, puis il se continuait en véritable échelle de meunier jusqu'au sommet de la tour. La construction de cette tribune remonte assez haut, car la petite fenêtre servant à l'éclairer était ogivale, la seule de ce genre dans tous les alentours.

Il existait un appendice en avant de la porte de l'église. On l'appelait communément : loge, mais aussi : auvent, porche, galonnière. Toutes les anciennes églises en était munies. On peut encore en voir des spécimens à Nuelles, à Chessy-les-Mines, et

---

1. Consulter : *Archives anciennes des communes*. — Grandris : Dénombrement des maisons, communiants et enfants, p. 331 et : les Halles : Dénombrement, etc., avec une colonne pour les communiants, et une autre pour les enfants. Total : 104 communiants, 72 enfants — 1769 — p. 351.

à la chapelle rurale de Bibost. C'est sous la loge que les habitants se réunissaient pour délibérer, et c'était un honneur d'avoir sa sépulture en cet endroit.

Une quittance du 30 mai 1688 nous apprend que Pierre Saulnier, maître-maçon et charpentier de la Tour, a reçu en plusieurs fois, de Blaise Rivoire, recteur de l'église du dit lieu, la somme de trente-trois livres, montant du prix-fait passé entre eux, le 27 février 1684, tant pour la réparation de ladite église, que pour la clôture du cimetière [1].

La tour-église était dépourvue de sacristie. Le 18 mars 1695, à la prière des habitants, le Chapitre fit procéder à une enquête à ce sujet : la permission de bâtir suivit de près, elle est du 5 novembre de la même année. Elevée au flanc nord de la Tour, sa superficie était d'environ 12 mètres.

La population augmentant, l'église devenait insuffisante ; on songea à l'agrandir, En 1702, une chapelle sous le vocable de Notre-Dame, fut bâtie sur le côté nord, à la suite et de la même profondeur que la sacristie. Le sieur Gabriel Cattin, bourgeois de Lyon, versa entre les mains de Benoît Tabard, recteur de la luminaire, la somme de cent cinquante livres, « gratification pour aider à payer les matériaux et les ouvriers qui ont travaillé à la bâtisse de Notre-Dame, depuis peu construite ». En reconnaissance, on lui permet de placer un banc de trois pieds de largeur et de quatre de longueur dans ladite chapelle, pour sa commodité, celle de sa famille et des successeurs en ses biens ; d'avoir une clef de la porte du côté droit de sépulture, et d'y faire peindre

---

1. *Archives paroissiales.*

ses armes. Et sans que jamais on puisse changer de place ledit banc, ni murer la porte, ni mettre des verroux ni barreaux derrière, sans le consentement du sieur Cattin ou de ses successeurs, en sorte que l'entrée de cette chapelle soit toujours libre [1].

Ce contrat nous apprend que la fête de la Dédicace se célébrait, à la Tour du moins, le 1er février, car, y est-il dit, l'assemblée eut lieu à l'issue de la grand-messe de paroisse, fête de la Dédicace. Les témoins acceptant pour le compte du chanoine-mansionnaire de Lentilly et la Tour de Salvagny, messire Roger-Joseph Damas de Marillac, doyen de l'église et comte de Lyon, grand-vicaire de Monseigneur l'archevêque de Lyon, furent Jean Vincent et Claude Carriat, de Lentilly.

Les gens de la Tour présents et acceptant furent : Jean-Baptiste Chauvon, prêtre, curé de Lentilly et la Tour de Salvagny, Benoît Tabard et Antoine Gaillard, recteurs-luminiers de l'église dudit la Tour, Floris Merle, Antoine Giraud, Georges et Antoine Fayard, Jean Jomand, André Vizo, Jean Dodat, Benoît et Claude Reynard, Antoine Bost, Pierre Devaux, André Bouchard, Antoine Merle, Antoine Gros, Michel et Benoît Plattet, faisant la plus grande partie des habitants de la paroisse de la Tour.

Le 12 juillet 1706, le Chapitre de Saint-Jean nomme des experts pour juger des réparations à faire au *Sancta Sanctorum* [2]. Il est à croire qu'elles furent faites aux frais du Chapitre, mais les preuves nous manquent. Aux frais du Chapitre, parce que d'après l'usage et le droit coutumier, les réparations de la

---

1. *Archives paroissiales.*
2. *Archives du Rhône.* — Actes capitul. Vol. XXXII.

nef incombaient aux habitants, et celles du chœur au seigneur du lieu. On se rend parfaitement compte qu'à la Tour, l'église était toute entière en nef, ou toute entière en chœur ; il faut donc admettre un arrangement entre les seigneurs-comtes et les habitants, par suite duquel la partie orientale jusqu'au premier pilier constituait le chœur, le *Sanctum Sanctorum* à la charge du Chapitre.

En 1711, nouvel agrandissement, nouvelle chapelle, celle-ci à droite. Le sieur Nicolas Deville, docteur ès-droits, lieutenant en la juridiction de Lentilly et la Tour de Salvagny, bourgeois de Lyon, obtient à son tour la permission de placer son banc « estant d'environ cinq pieds de longueur, et trois pieds de largeur, dans la chapelle de Saint-Ennemond, patron de ladite paroisse, laquelle chapelle se construit à présent... Pour cet effet, le sieur Deville a donné au profit de ladite église la somme de soixante livres, qu'il a présentement et réellement comptées en bonnes espèces ayant cours, et remises entre les mains de Benoît Plattet, recteur dudit luminaire, pour employer à la bâtisse de ladite chapelle. Et par ces mêmes présentes, iceluy sieur Deville a créé et fondé une pension annuelle, perpétuelle et foncière de trois livres, au principal de soixante livres, en faveur de ladite luminaire... ». Mêmes avantages que ci-dessus, pour le sieur Gabriel Cattin : porte spéciale, clef, armoiries. En plus : « dans laquelle chapelle il lui sera permis et loisible de faire mettre, à présent et quand bon lui semblera, une tombe de pierre pour la sépulture de lui et des siens successeurs en ses biens, et non autres en icelle tombe... ».

Le contrat fut passé le dimanche, 19 juillet 1711, à l'issue de vêpres sur la place publique. Etaient présents et ont signé : Damas de Marillac, doyen ; Rougnard, procureur ès-cours de Lyon ; Gabriel Cattin, procureur d'office ; Gaspard de Lapiémante, seigneur de Reynière en Lyonnais ; Giraud, Merle, Georges Fayard, Antoine Fayard, Claude Dodat, Delorme l'aîné, notaire, Delorme le jeune, notaire, l'un des deux en résidence à Marcy. A ce contrat figuraient encore les habitants nommés dans le précédent, plus André Perret, Jean Colomb, Blaise Rivoire, Benoît Assada, Claude Galey, et autres faisant la plus grande partie de la paroisse [1].

Vers 1713, Claude Pecoil, seigneur de Villedieu, manifeste le désir de posséder un banc dans l'église de la Tour. Le curé, les luminiers et habitants trouvant leur église déjà trop petite, firent des difficultés. Le sieur Pecoil porta l'affaire devant le Chapitre qui députa le chanoine-prévot, Louis-Philippe de Meschatin pour régler le différent. Comme messire Pecoil était un homme de grandes richesses [2], qu'il possédait des terres et des rentes-nobles sur la paroisse, le banc lui fut accordé par le mandataire du Chapitre, moyennant le versement d'une somme dont nous ignorons le chiffre, plus une redevance annuelle qui, d'après une quittance en date du 6 juin 1786, signée : Antoine Merle, luminier, semble avoir été fixée dès l'origine à la somme de trois livres [3].

Dans un « Compte de a dépense qu'a faite Jean Perret, marguillier de la paroisse de la Tour, du

---

1. *Archives paroissiales de la Tour.*

2. C'est le même que les légendes font mourir dans sa cave à trésors, la porte s'étant refermée derrière lui.

3. *Archives de Villedieu.*

12 mars 1719 au 25 janvier 1722 » nous trouvons les renseignements suivants :

Payé à M. Thomas, sculpteur, pour le rétable de Saint-Ennemond, suivant sa quittance du 30 mai 1721, cent soixante-dix livres, plus douze sols à son compagnon, « pour estraines ».

Payé sept livres six sols aux maçons et charpentiers pour avoir raccommodé la chapelle et la sacristie [1].

Vers la fin de 1741, l'archidiacre de Lyon, Alexandre d'Albon et M. de Saint-Aulbin, seigneur-mansionnaire de Lentilly, délégués à cet effet par le Chapitre, adressèrent à M. l'Intendant de la Généralité une supplique, au nom du Chapitre lui-même, des bourgeois et habitants de la Tour, pour obtenir une imposition extraordinaire, dont le produit devait servir à réparer et le sanctuaire et l'église, qui, disent-ils, menacent ruine [2]. Il est à croire que l'autorisation fut accordée, et les réparations effectuées.

Faute de plus amples documents, nous quitterons la tour-église, sans bien la quitter, puisque nous allons parler de sa luminaire. Plus tard, nous reviendrons à elle, pour en raconter les derniers jours.

---

1. *Archives paroissiales*.
2. *Archives du Rhône*. — Registres capit. Vol. xxxii.

La Place extérieure au Vingtain

CHAPITRE VI

Biens de « la luminaire [1] ».

Nous savons par le procès-verbal de visite canonique, en date du 8 avril 1660, que l'église de la
Tour possédait une commission de messes à dire,
une par semaine, du revenu de vingt-cinq livres,
assignées sur des fonds sis dans la paroisse. Nous
devons trouver l'origine de cette commission dans
deux testaments antérieurs à 1660.

Le premier est du 14 août 1558 ; il a été reçu par
Me Confluxier, notaire à Chazay-d'Azergues. « Honnête homme, Benoît Guillot, natif de la Tour de Salvagny, demeurant à.... (le parchemin est rongé en
cet endroit), ému d'une bonne dévotion, a retenu et
réservé et fondé sur ses biens, pour le salut de son
âme et de ses parents et amis anciens trépassés, une
messe eucharistielle, laquelle il veut et ordonne être

---

1. La luminaire ou le luminaire. Tantôt l'un, tantôt l'autre.

54

dite, chantée et célébrée en l'église de la Tour de
Salvagny, dorénavant après son trépas, annuellement
et perpétuellement, chaque jour de vendredi, toutes
les semaines de l'année, et pour la célébration et
vacation d'iceluy prêtre qui dira la messe, ledit testateur baille et lègue cinq livres tournois payables à
chaque Nativité de Notre-Seigneur ».

Le testateur hypothèque les cinq livres annuelles
sur tous ses biens, et spécialement sur une maison
et un pré, au territoire de la Suigna, « jouxte le pré
d'André Guillot, de matin ; le chemin tendant de la
Tour à la Garde, de bize :.... (effacé) de soir ; et
jouxte le pré d'Etienne Deschamps de vent ».

En plus, il veut que le jour de son enterrement, le
jour de la quarantaine et le jour de l'an révolu, il soit
dit et célébré trente messes par le curé, vicaire et
autres prêtres circonvoisins. Il affecte pour honoraires
à « chacun prêtre chantant messe, six blancs sans
réfection corporelle, ou quatre blancs avec la réfection,
comme la coutume est audit lieu de la Tour [1] ».

Le second testament est du 29 juin 1593.

Noble Charles Desferre, chevaucheur d'écurie,
tenant la poste pour le roi à la Tour de Salvagny, et
honnête demoiselle Louise Denizers, sa femme,
instituent à perpétuité une messe eucharistielle de
l'office des trépassés, à célébrer le mardi de chaque
semaine dans l'église de ladite Tour, moyennant la
somme de deux écus et deux tiers d'écu, payables
à chaque Saint-Martin d'hiver, par leur héritière et ses
successeurs, au curé ou vicaire de Lentilly et la Tour
qui dira la messe.

---

1. *Archives paroissiales de la Tour.*

En plus, lesdits mariés Desferre laissent par droit d'institution et légat, à la luminaire de l'église de la Tour, quarante sols annuels et perpétuels, pour la lumière et cierges nécessaires à la célébration de la messe, du mardi de chaque semaine, lesquels quarante sols seront payés au recteur à chaque fête de Saint-Martin d'hiver.

Cela fait donc deux messes par semaine, et pourtant le procès-verbal de la visite n'en mentionne qu'une seule. La supposition la plus plausible c'est que la valeur de l'argent ayant beaucoup baissé, l'honoraire de six livres pour cinquante-deux messes, dans la fondation Guillot, de deux écus et deux tiers d'écu dans la fondation Desferre, l'honoraire ne répondant plus à la charge, l'administration diocésaine réduisit les messes de moitié, c'est-à-dire à une toutes les deux semaines pour chacun des fondateurs.

Ce second testament se distingue du précédent et de ceux qui vont suivre, en ce que les testateurs n'hypothèquent point leurs biens, pour assurer l'exécution de leurs volontés, mais s'en remettent à la bonne foi de leurs héritiers.

Bien que les particularités suivantes n'aient aucun rapport avec la luminaire, il est intéressant de les connaître. Au décès de chacun des époux Desferre, seront habillés à leurs frais, de drap serge, deux jeunes « fils » et deux jeunes filles les plus pauvres de la paroisse, qui seront tenus d'assister à leur enterrement. Ils lèguent ensemble et pour une fois trois écus d'or et un tiers d'autre écu à l'Aumône générale de Lyon, et la même somme aux pauvres de la chapelle Saint-Martin dudit Lyon, cinq sols à chacun

56

de leurs parents ou ayant-droits ; se donnent mutuel-
lement la jouissance ; enfin, instituent héritière universelle « leur fille naturelle et légitime Jeanne
Desferre, femme d'honorable Jehan Deroche, marchand, hoste tenant le logis où pend pour enseigne
les Trois Mores, à l'Arbresle [1]».

Après le décès des Desferre et de leur fille, la rente
fut payée par noble Charles Ducreulx, lui aussi chevaucheur d'écurie, « l'un des six-vingts privilégiés »,
tenant la poste pour le roi, à la Tour de Salvagny ;
ensuite par Antoine Ducreulx, ci-devant sergent royal
en la sénéchaussée de Lyon : ensuite, par Pierre Gru-
bier, maître de poste à Lyon, devenu propriétaire du
domaine par achat fait au sieur Ducreulx ; ensuite
par demoiselle Anne de Lisle, veuve d'André Giraud,
bourgeois de Lyon, laquelle solde, le 3 octobre 1689,
un arriéré de huit années, soit seize livres [2].

Au xviiiᵉ siècle, le petit domaine passe aux Rose,
autre famille bourgeoise de Lyon, puis au sieur
Petit, qui fut aussi maître de poste à la Tour ; revint
aux Rose dans la personne de M. Gerin-Rose, enfin
à M. Joseph Renard, de la famille des grands teintu-
riers de ce nom. Il forme actuellement la partie
principale de la propriété des Dames de Saint-Joseph.

Le 16 juin 1637, Gabriel Guigo, de Dardilly, remet,
transporte et promet maintenir à Etienne Gillet, marchand de la Tour de Salvagny, recteur de la luminaire
dudit lieu, acceptant tant en son nom qu'au nom des
luminiers, ses successeurs, une sienne terre en
bruyères et hermages, size à ladite Tour, joignant le
chemin de la Tour à Lentilly, de vent, la terre de

Jean Jolly, dit Lamanda, de soir, la terre des héritiers Ducrot, de matin, et la terre de Benoît Gillet, de bize ; à la charge du simple cens ou servis, sans arrérages du passé. La vente est faite pour le prix de six livres tournois. Au logis du Mouton. Témoins : André Garde, praticien ; Benoît Maigret, laboureur ; Faisant, notaire à Tassin [1].

La luminaire ne conserva pas cette terre, elle la revendit vingt-six ans plus tard, le 9 janvier 1663. Par contrat en date de ce jour, Benoît Prost, recteur en exercice, en son nom et au nom de ses successeurs, autorisé par la majeure partie des habitants, cède à Claude Vizo père et André Vizo fils, une terre « estant à présent hermée et en friche », dépendant de la luminaire de la Tour, située au territoire du Mur, contenant deux bicherées et demie de semailles ou environ. Mêmes limites que ci-dessus, sauf que la terre des héritiers Ducrot est à Benoît Bost, dit James. La vente est faite moyennant une pension de dix sols, payables à Noël : pension non rachetable et hypothéquée sur ladite terre. Le contrat renferme plusieurs particularités, dont l'une est curieuse : le vendeur ignore de quelle Directe la terre est mouvante. Obligation pour les acheteurs d'en opérer le défrichement. Si quelqu'un intente un procès au sujet dudit fonds, il sera soutenu aux frais de la luminaire. Au logis de la Croix-Blanche [2], Claude Giraud, hoste ; Delorme, notaire. Sont encore nommés dans l'acte : Benoît Fayard, Jean Jomand, Antoine et Jean Perret, Floris Tabard, et André Vizo le jeune [3].

---

1. *Archives paroissiales de la Tour*.

2. Maison à laquelle est adossée la petite chapelle des Dames Saint-Joseph.

3. *Archives paroissiales de la Tour*.

58

Le 24 novembre 1693, honnête Jean Raymond, habitant de la Tour de Salvagny, lègue au luminaire de l'église dudit lieu, la somme de cinq livres, plus soixante livres pour messes de l'office des trépassés, plus trente livres à la Confrérie du Saint-Sacrement, pour être employées aux réparations; plus au luminaire, à fin de prières et œuvres pies pour le repos de son âme, une pension annuelle, perpétuelle et foncière de dix sols, payables au recteur du luminaire à chaque Saint-Martin d'hiver, laquelle pension de dix sols, au principal de dix livres, est hypothéquée sur un sien bois et chénevier situé au territoire de Font-Garin, jouxte le ruisseau fluent de Mont-Chait, de vent, le ruisseau tombant de la Leychère, de matin, le bois dudit testateur, de soir, et le bois de Madelain Bost, de bize. Enfin, dix livres aux nécessiteux de la paroisse. Sa femme Benoîte Poix est instituée héritière universelle. Témoins : Pierre Barbier, procureur d'office de Laval, Georges Fayard, Benoît Perret, François Rivoire, Pierre Devaux, Ennemond Bost, Benoît Platet, tous habitants de la Tour[1].

Par testament en date du 27 janvier 1697, Antoine Perret, fils de feu Antoine et de vivante Jeanne Bost, lègue à la luminaire de la Tour, la somme de soixante-quinze livres, pour être employée à l'achat du tabernacle où repose le Saint-Sacrement. A la Confrérie du Saint-Sacrement, dix livres, avec charge de quarante messes. Au monastère de Sainte-Elizabeth des Deux-Amants, trente livres pour trente messes que dira l'aumônier. Il veut qu'on invite les curés voisins à ses funérailles. Lègue encore trente

---

1. *Archives paroissiales de la Tour.*

livres à son valet, Jean Bost ; autant à sa servante et cousine, Antoinette Chambost. Cinq livres à chacun de ses filleuls ou filleules, plus cinq sols à chacun de ceux qui prétendront avoir droit sur ses biens et dont les droits seront reconnus. « Au luminaire d'ici la Tour, un pré appelé pré Radix, au territoire de la Garde, sur lequel est imposée une pension annuelle et perpétuelle de cinquante sols, aux conditions qu'outre le service imposé sur ledit fonds, la luminaire fera dire une messe annuelle et perpétuelle, le jour et fête de Saint-Antoine ». Enfin, il lègue tout le reste à Jeanne Bost, sa bien-aimée mère. Témoins : Antoine Guillermin, maître-chirurgien, Benoît Perret, Antoine Tisseur, Benoît Assada, Claude Galley, Fleury Vernay, Benoît Piquet, tous habitants de la Tour ; Jean-Baptiste Chauvon, curé, faisant l'office de notaire [1].

Ce testament n'indique point la somme allouée pour l'institution de cette messe de jour de Saint-Antoine : une quittance du 5 avril 1699 nous apprend qu'elle était de quinze sols. En effet, à ce jour, Antoine Dodat et Benoît Assada, recteurs de la luminaire, paient à messire J.-B. Chauvon, la somme de six livres dix sols, savoir : cinq livres pour les arrérages dûs sur le pré légué par Antoine Perret, arrérages de deux ans échus à la Saint-Martin d'hiver, et trente sols, pour honoraires de deux messes dites par lui, curé de la paroisse. Messire Chauvon a soin de faire reconnaître à nouveau ses droits à la susdite pension, pour lui et ses successeurs ; les luminiers promettent pour eux et leurs successeurs en place,

---

1. *Archives paroissiales de la Tour.*

« icelle payer tant et si longuement que le pré sera et appartiendra audit luminaire [1] ».

Le 27 avril 1697, Floris Merle, maître-tonnelier à Lyon, donne à l'église de la Tour de Salvagny, cinquante livres pour acheter un crucifix, qui sera exposé dans ladite église, ensemble une figure de Sainte-Madeleine de trois pieds et demi de hauteur, sous condition d'une messe annuelle et perpétuelle le lendemain du jour de la Croix du mois de mai, à l'intention du sieur Merle et de Françoise Boiron sa femme, et de ses successeurs; pour laquelle messe dix sols seront payés au curé ou vicaire, avec hypothèque sur le pré de la Butte, propriété dudit luminaire.

Ce contrat fut soumis le dimanche, 28 avril, à l'approbation des habitants de la Tour, réunis au-devant de la porte de l'église, sous la loge, à l'issue de la grand-messe. Le curé en ayant fait valoir les côtés avantageux, il fut accepté. Etaient présents : Georges et Antoine Fayard, André Perret, Antoine Bost ; Benoît Reynard, Jean Jomand, Antoine et Jean Dodat, Claude Poix, André Vizo, Benoît Tabard, Benoît Platet, André Bouchard, Antoine Merle, faisant la plus grande et majeure partie des habitants de la paroisse ; Jean Fenouillet et Benoît Cariat, laboureurs de Lentilly, témoins du seigneur-obéancier. Ont signé l'acte avec messire Chauvon, neuf des habitants de la Tour [2].

Le 21 avril 1699, Jean Delaroche, bourgeois de Lyon et Françoise Gair, son épouse, donnent à la

---

1. *Archives paroissiales de la Tour.*
2. *Ibid.*   *Ibid.*

luminaire de la Tour, représentée par Antoine Dodat, et Benoît Assada, la somme de cent livres, sous condition de trois grandes messes, annuelles et perpétuelles, qui, après leur décès, seront de l'office des trépassés : la première, la veille de Saint-Jean-Porte-Latine ; la deuxième, le 7 septembre, veille de la Nativité de la Sainte-Vierge ; la troisième, le 3 octobre, veille de Saint-François. Pour la rétribution, les luminiers paieront au curé ou au vicaire, la somme de trois livres, à la Saint-Martin d'hiver.

Tout aussitôt, les cent livres sont remises à Pierre Bouchard, laboureur habitant la Tour de Salvagny, qui s'engage à payer annuellement et perpétuellement cinq livres de pension, pour laquelle pension foncière ledit Bouchard affecte, impose et hypothèque tous ses biens, et spécialement un sien tènement de bâtiment, maison, pré et terre situés au territoire de la Morandière, contenant cinq bicherées, jouxte les vignes du sieur Cattin, de matin ; la terre et maison de Jean Bouchard, de bize ; le chemin du village de Jacquemet au grand chemin de la Tour à Lentilly, de soir, et le pré, terre et vigne d'Antoine Bost, de vent. Contrat passé dans la maison curiale, en présence de Jean Fayard, Claude Galley, Chauvon, curé, Delaroche, Gair, Dodat, Fayard [1].

Le 13 mai 1699, les luminiers de la Tour et le curé J.-B. Chauvon achètent par indivis de Pierre Bouchard, un pré de la contenance de deux bicherées, situé au territoire de Fontbonne. L'acte en est perdu ; il en sera reparlé plus loin.

---

1. *Archives paroissiales de la Tour de Salvagny.*

Le 1er mai 1716, Georges Fayard, habitant de la Tour, donne et lègue à la luminaire cinq livres payables après son décès ; une aumône de pain, vin, fèves ou argent, distribuée manuellement aux pauvres qui se présenteront le jour de son enterrement, et à la discrétion de Michelle Grosjean, sa femme, jusqu'à la somme de trente livres ; plus deux cent cinquante messes à dire le plus tôt possible, savoir : cinquante dans la paroisse de la Tour, et deux cents dans l'église des R. P. Minimes de Lyon. — Thève, notaire à Lyon.

Le 11 août 1721, par un codicille à son testament, le même Georges Fayard lègue une pension annuelle de six livres, pour une messe dite chaque mois, à la Tour ou ailleurs, au gré de son héritière universelle. Le paiement au célébrant sera sur le pied de dix sols, au fur et à mesure de la célébration, y compris le vin, la lumière et ce qui sera nécessaire pour ladite messe. Laquelle pension est hypothéquée sur un tènement de pré d'environ vingt bicherées, situé au territoire de la Durière, jouxte le grand chemin de Lyon à l'Arbresle, de bize et matin : le pré des héritiers de M. Pécoil de Villedieu, de soir ; le pré d'Antoine Bergeon et sa femme, aussi de soir ; un coin de pré des héritiers Devaux, de soir ; un coin de vigne de Jean Bost, aussi de soir : le pré et terre de Jean Platet, de vent.

Il lègue une autre pension de trois livres pour l'entretien de l'huile de la lampe ardente devant le Saint-Sacrement, laquelle pension est imposée sur un pré, au territoire de Caillot, contenant dix bicherées, jouxte le bois de haute-futaie et terre au sieur Nicolas Deville, de soir ; le pré et terre d'André Bouchard, de bize ; le pré des héritiers du sieur Pécoil, de matin et quasi bize ; le chenevier des héritiers Gros, aussi de matin, et la terre de Claude Reynard, du côté de vent. — Thève, notaire à Lyon [1].

Le 4 décembre 1737, Françoise Chauvon, veuve de François Cadet, marchand de Lyon, rue Gentil, héritière de messire J.-B. Chauvon, son oncle, vend au luminaire de la Tour, la moitié d'un pré de deux bicherées, dont une pour sa part, situé au territoire de Fontbonne, jouxte le grand chemin de l'Arbresle à Lyon, de vent ; les prés et terres des héritiers Bouchard, de matin ; les pré et terre de la demoiselle Garde, de soir et de bize. Pré acquis en indivis par la luminaire de la Tour et son oncle, de Pierre Bouchard, par contrat du 13 mai 1669 : avec tous droits d'entrée et de sortie, prise et passage d'eaux, à la charge seulement du cens et servis aux seigneurs directs, exempt de toutes autres charges, moyennant nonante-trois livres. — Pachot, notaire à Lyon ; Salxe, curé ; Fleury Jomand, recteur-receveur de la luminaire [2].

En résumé, la luminaire de la Tour est loin d'être riche. Si elle possède quelques rentes et pensions, celles-ci sont grevées de charges devenant plus lourdes, à mesure que l'argent diminue de valeur [3]. Le procès-verbal de 1660 a raison de dire qu'elle vivait surtout d'aumônes. D'où provenaient ces aumônes ?

---

1. *Archives paroissiales.*

2. *Ibidem.*

3. En 1700, la luminaire avait à sa charge cinquante-sept messes annuelles pour vingt-huit livres de pensions.

Royaumes.

Leur principale source, ici comme ailleurs, était dans ce qu'on décorait du nom pompeux de « Royaumes ». Au nombre de trois dans notre petite église, ils s'appelaient : de la Sainte-Croix, en souvenir de la chapelle primitive ; de Saint-Laurent, en l'honneur du patron de Lentilly, la paroisse-maîtresse, et de Saint-Ennemond, patron de la Tour, son annexe. De même que naguère encore, en certaines contrées, le droit de porter la bannière aux processions était acquis à celui qui payait le plus cher, de même les Royaumes étaient mis aux enchères, et devenait Roi celui qui offrait la plus forte redevance en cire ou en argent.

Ainsi dans nos registres baptistaires, on trouve des notes comme celles-ci : Aujourd'hui 17 septembre 1646, Marius Johannique, marchand-orfèvre à Lyon, a pris le royaume de Sainte-Croix, à la Tour, pour vingt livres, six blancs.

L'année suivante, le royaume est échu à Floris Reynard, pour vingt livres.

Le 29 septembre 1647, « a prins le trône de Saint-Ennemond Mathieu de Couton — de Cotton — pour dix-sept livres six blancs ».

Quelquefois la Royauté se complique d'autres personnages à la suite du roi. Exemples :

29 septembre 1686. Royaume de Saint-Ennemond. Roi, Antoine Perret, sept livres de cire blanche. Reine, demoiselle Antoinette, maîtresse d'école, dix livres. Dauphin, Jean Pitiot, une livre. Dauphine, Claudine, nièce de la sœur Antoinette, reine dudit jour, une livre et demie.

1689. Royaume de la Croix. Le roi a été Gabriel Cattin, fils de M. Cattin ; il doit donner trois livres de cire ; le dauphin a été son petit Jacques, lequel a promis deux livres de cire ; la reine a été Jeanne Demilleu, servante de M. Cattin, laquelle a promis trois livres et demie de cire ; la dauphine a été la petite Jeanne de Benoît Perret, luminier, laquelle a promis une livre et demie de cire [1].

Le vieux compte de gestion, auquel nous avons fait déjà un emprunt, donne, du 12 mars 1719 au 25 janvier 1722, les recettes suivantes : Royaume de Saint-Laurent : trente-quatre livres, dont vingt-trois payées d'une seule fois par les maçons. Assez nombreux dans le pays, d'où ils rayonnaient aux alentours, ils avaient dû prendre la Royauté en commun. Royaume de Saint-Ennemond, sept livres. Le compte accuse souvent des dons pour cire, environ vingt-quatre livres, sans autre explication ; rien n'empêche qu'ils eussent pour destination soit le royaume de Saint-Ennemond, soit celui de la Croix, qui n'est pas désigné une seule fois dans ces trois années.

De ce qui précède, on peut conclure que prendre le Royaume ou Trône d'un Saint, c'était s'engager à faire une offrande déterminée par surenchère, en l'honneur du Saint, à charge par le Saint d'accorder une plus grande protection à ces rois d'un nouveau genre. D'ordinaire, le roi ou tenant royaume était favorisé d'une place spéciale à l'église et présidait les réunions de confréries en certaines occasions.

Toujours d'après le même compte, nous savons que la luminaire possédait quatre fonds de terre ou

---

1. *Archives communales de la Tour de Salvagny*. — Registres baptistaires — passim.

pré ; nous connaissons l'origine de deux : le pré de la Butte et celui de Fontbonne, ignorant celle des deux autres, dont le plus important, d'une contenance de 9 bicherées fortes, était, en 1721, affermé à André Reynard pour la somme annuelle de quarante-trois livres, sept sols, un denier [1]. Le pré de Fontbonne rapportait six livres, les deux autres à peu près autant chacun, vue leur étendue, sans pouvoir préciser, le document donnant en même temps pour eux des arriérés.

En résumé, la luminaire touchait annuellement dans les environs de soixante livres, sur ses diverses terres. Mais en raison des arriérés en question, du 12 mars 1719 au 25 janvier 1722, les luminiers encaissèrent de ce chef deux cent quatre-vingts livres, huit sols, six deniers.

Particularité à signaler : le trésor de l'église possédait deux louis, estimés cent quarante-quatre livres, lors de la dernière visite de M. l'archiprêtre ; portés à l'actif pour ce chiffre, ils figurent au passif pour une diminution de soixante-une livres, quatre sols, l'un ne valant plus que quarante-cinq livres, et l'autre trente-sept livres, seize sols. De même, deux écus de quatre livres qui ont subi une dépréciation de trente sols chacun [2].

Tous les biens de la luminaire, mis d'abord sous séquestre, en vertu des lois spoliatrices de la Constituante, furent vendus assez tard. Ils sont désignés dans le bref de la vente en ces termes : quatre petits

---

1. Ils étaient situés sur le chemin d'Aveirieu, entre la Croix-Cotton et le premier treyve.

2. *Archives paroissiales*. Compte de la Recepte, etc.

fonds détachés, deux prés et deux terres. L'adjudication en fut faite dans l'église de Saint-Jean, le 15 vendémiaire an IV; les enchères n'aboutirent qu'à la huitième bougie et atteignirent 292.100 francs, chiffre énorme pour environ 15 bicherées. Le dernier enchérisseur, Pierre Dumarest, marchand chapelier, à Lyon, rue Bourgchanin, déclara, séance tenante, qu'il était le mandataire de deux habitants de la Tour, les citoyens Antoine Merle et François Montermand, lesquels présents acquiescèrent et signèrent le procès-verbal de la vente. D'après une loi du 17 prairial, les acquéreurs avaient à solder par tiers, de mois en mois, une première somme de 20.000 francs, montant de la soumission qu'ils avaient faite le 2 fructidor précédent; le surplus de l'adjudication était également payable par tiers, de mois en mois [1].

La maison curiale fut vendue un an plus tard, le 22 vendémiaire, an V. Elle est ainsi désignée dans l'acte : Le ci-devant presbytère de la commune de la Tour de Salvagny, contenance d'environ un trente-deuxième de bicherée, mesure de Lyon, joignant le chemin tendant à la ci-devant église, au matin; la place publique, au septentrion et au midi, et les remparts du ci-devant château d'occident. Deux experts choisis, l'un par l'administrateur, l'autre par celui qui désirait l'acquérir, les citoyens Dard et Dalbepierre, ayant estimé son revenu annuel quinze livres, et sa valeur en capital à deux cent soixante-dix livres, elle fut adjugée au citoyen Dominique Jay, de Lentilly, pour le même prix, avec ses servitudes

---

1. *Archives du Rhône.* — Brefs de vente des Biens nationaux. II G. 602. — I D. 375.

actives et passives, franche de toutes dettes, rentes
foncières constituées ou hypothéquées, à la charge
cependant par l'acquéreur de laisser jouir le locataire
pendant le temps qu'il en a le droit, conformément à
son bail[1]. Cette maison existe encore après avoir
passé par bien des maîtres, dont l'un la doubla en
longueur.

On ne s'explique pas que les habitants n'aient point
songé à la revendiquer pour eux, à titre de maison
commune. Ils l'eussent ainsi sauvée, comme cela est
arrivé dans beaucoup d'endroits, à Lentilly même, et
ne seraient point demeurés quarante ans sans mairie.
Elle était bien misérable, c'est vrai, mais valait toujours plus que rien. Et quand plus tard, la Préfecture,
interrogeant le maire sur l'état des Archives, le maire
n'aurait pas eu à répondre piteusement : « Notre
petite commune n'ayant pas de mairie, chaque
maire emporte chez lui les archives liées avec des
ficelles, ce qui ne laisse pas que de les détériorer ».
Evidemment il n'est pas question de ce qui a pu disparaître.

Puisque à cette époque, les habitants de la Tour
regardaient comme de leur territoire, et non sans
quelque raison, une partie du bois appelé Bois-Seigneur, il est juste de dire en quelques mots ce que
devinrent les biens de la manse. Si les chanoines
avaient, dans la suite des temps, aliéné tout ce qu'ils
possédaient à la Tour, ils n'avaient point agi de même
à Lentilly ; car en 1789, ils possédaient environ deux
cent vingt-cinq bicherées en terres, vignes, prés,

---

1. *Archives du Rhône.* — Brefs de vente des Biens nationaux.
II G. 602. — I D. 375.

cheneviers, vergers et bâtiments, plus deux cent septante-cinq bicherées de bois taillis, au territoire de Pleine-Serve. Tous ces biens furent vendus en un seul lot, le 13 mai 1791. Pierre-Joseph Dubost, notaire à Lyon, rue de Flandre, soutint les enchères qui montèrent à 140.100 francs. Le 11 juin suivant, il déclara être le mandataire de M. Jean-Baptiste de Saint-Jean, négociant à Paris, boulevard des Italiens, au coin de la rue Favard, lequel présent à ce moment accepta et signa l'acte de vente [1].

Deux ans plus tard, ledit citoyen Evrard de Saint-Jean est dénoncé comme suspect par un délégué de l'époque, arrêté à Lentilly et mis en prison, à Lyon. Sur une réquisition de Fouquier-Tinville en personne, il est transféré à Paris, subit un premier interrogatoire le 22 germinal, an II, et comparait devant le tribunal révolutionnaire le 1er messidor — 19 juin 1794. Condamné à mort, il est exécuté le même jour [2].

---

1. *Archives du Rhône.* — Brefs de vente des Biens nationaux.

2. *Bibliothèque Nationale.* — Liste générale, etc. n° vii. Liste des guillotinés, Barrière renversée (ci-devant Barrière du Trône)..., n° 1516. Jean-Baptiste Saint-Jean, dit Evrard, âgé de 41 ans, né à Saint-Forgeux (Rhône), négociant et actuellement cultivateur. — Le même jugement prononça la confiscation de ses biens. Ceux de Paris seuls furent vendus. Sa veuve obtint la levée du séquestre sur ceux de Lentilly, et les conserva jusqu'en 1817. A cette époque, ils furent revendus à trois marchands de biens. En 1826, son fils, Auguste-Louis-Marie-Céleste Evrard de Saint-Jean, sous-intendant de troisième classe, reçut sur le milliard des émigrés, un titre de rente de 609 francs, correspondant à un capital de 20.286 francs. Il mourut vers 1874, doyen des intendants militaires.

Sur la charette qui le conduisit au supplice, il put faire cette réflexion : Légalement j'ai acheté des biens volés, légalement aussi on m'envoie à l'échafaud !

Il y avait encore d'autres biens d'église à Lentilly, mais ce n'est pas le lieu d'en parler dans une notice exclusive à la Tour de Salvagny [1].

---

1. On peut se faire une idée sur la dépréciation des assignats par la comparaison suivante : Les *cinq cents* bicherées de l'obéance de Lentilly furent vendues, le 13 mai 1791, 140.100 francs; les *quinze* bicherées de la luminaire de la Tour sont vendues, le 15 vendémiaire, an IV — 7 octobre 1795 —, 292.100 francs. A ce moment, cent livres en assignats valaient 5 francs d'argent monnoyé ; ce qui mettait l'achat des citoyens Merle et Montermand à 14.000 livres environ, soit près de dix fois la valeur réelle des fonds. C'était donc fort cher, surtout pour des biens volés. Mais de nouveaux décrets permirent aux acquéreurs de terres labourables, vignes ou prairies, de ne faire qu'un premier versement, avec la faculté d'échelonner le surplus en douze annuités ; et comme bientôt, pour un louis de vingt-quatre livres, on eut 20.000 francs d'assignats — en décembre 1796, cent livres de ce papier valait sept sous et demi —, il leur fut facile de se libérer à peu de frais.

Au début, les biens dits nationaux subirent une plus-value, due à leur affranchissement de toutes les anciennes servitudes pécuniaires, comme la dîme, le cens, le lod, le milod, etc. C'est pourquoi on peut dire et prouver que les premiers acquéreurs, pour s'être trop pressés, ne firent point une spéculation avantageuse. Mais ce ne fut que pour un temps très-court. — « *Admirez ce beau domaine, il n'a pourtant coûté qu'une paire de bœufs !* » Parole historique dans tous les coins et recoins de la France.

CHAPITRE VII

Des diverses fonctions. — I. — Le curé

Le Chapitre de Lyon étant le curé primitif, nommait à la cure de Lentilly et la Tour de Salvagny. Il était en même temps seigneur-décimateur. En tant que seigneur, il avait la haute, moyenne et basse justice dans tout le territoire de l'obéance, plus la haute justice sur la terre de Cruzol. Les officiers du comte pouvaient donc prononcer même la peine de mort ; restait l'appel à la Cour du Roi, c'est-à-dire, au Parlement.

En tant que décimateur, le seigneur-obéancier levait lui-même ou par ses fermiers la dîme, et le vicaire perpétuel faisant les fonctions du curé était à la portion congrue, sur sa demande, depuis le XVIIe siècle.

Nous laissons à qui fera l'historique de la manse et paroisse de Lentilly le soin de fournir de plus amples détails sur les chanoines-obéanciers et les curés-vicaires perpétuels, nous contentant de ce qui est spécial à la Tour de Salvagny.

Voici cependant un curieux document, transcrit sur les registres baptistaires de la Tour, relatif aux droits des curés primitifs et des vicaires perpétuels. C'est une déclaration royale du 5 octobre 1726, en rappelant une autre du 30 juin 1690.

« Que pour inspirer à nos peuples le respect et la juste confiance qu'ils doivent à leurs pasteurs, les vicaires perpétuels puissent à tous actes et à toutes occasions prendre la qualité de curés de leurs paroisses, et qu'ils soient reconnus en cette qualité par tous les fidèles confiés à leurs soins ; que toutes les fonctions, prééminences, droits honorifiques et utiles prétendus par les curés primitifs, de quelque nature qu'ils puissent être, soient à l'avenir et pour toujours réduits, comme nous les réduisons par ces présentes, à la seule faculté de faire le service divin les quatre fêtes solennelles et le jour du patron... Seront tenus au dit cas de faire avertir les curés ou vicaires perpétuels la surveille de la fête... sans qu'ils puissent prétendre d'administrer les sacrements, ou prêcher sans une mission spéciale des évêques ; pourront seulement les dits jours et quand ils officieront, et non autrement, percevoir la moitié des oblations et offrandes, tant en argent qu'en cire, l'autre moitié demeurant aux dits vicaires perpétuels, ce nonobstant tous usages, abonnements, transactions, jugements et autres titres à ce contraires, que nous déclarons à cet effet nuls et de nul effet ».

Cette belle ordonnance en faveur des humbles n'a qu'un défaut ; elle est portée par le roi qui s'attribue un pouvoir qu'il n'a pas. Le silence de l'épiscopat, tolérant une pareille usurpation sur le spirituel de l'Eglise, jette un jour lumineux sur les audaces de la constitution civile du clergé, et sur les tergiversations d'un grand nombre de prêtres en face d'elle.

Vraisemblablement, les curés primitifs n'usèrent jamais de leur droit à la Tour; en tout cas, nous n'en trouvons nulle trace. Il dut en être autrement à Lentilly, où quelques-uns résidèrent assez habituellement pendant le temps de leurs vacances.

II. — LES VICAIRES DE LA TOUR

La paroisse de la Tour, annexe de Lentilly, était desservie par un vicaire en résidence fixe. Nous connaissons son pauvre presbytère, vendu deux cent soixante-dix francs. Son traitement n'était guère élevé, A une époque, où souvent les curés ne résidaient pas dans leurs paroisses, possédant d'autres bénéfices, contrairement aux lois de l'Eglise, nous trouvons un traité par lequel le curé de Lentilly accorde au vicaire qui le remplace dans sa paroisse, et à celui de la Tour, « chacun un tiers de toutes les oblations et de tous les revenus de l'église de Lentilly et la Tour, plus sur sa part de dîme, trois asnées de froment et seigle, et deux asnées de bon vin ». Cet arrangement est du 31 décembre 1574 [1].

Postérieurement, le vicaire fut mis à la portion congrue, certainement lorsque le curé de Lentilly la demanda pour lui-même. A cette époque — 1647 — elle était de quatre cents livres pour le curé et ne

---

1. *Archives du Rhône.* — Arm. Jacob. *Lentilly.* Vol. 9, n° 2.

74

devait guère dépasser cent livres pour le vicaire. Mais il avait un petit casuel. Jugez. Les luminiers lui donnaient vingt sols pour l'eau bénite de Pâques ; vingt sols également pour celle de Pentecôte ; aussi vingt sols pour chacune des processions de Saint-Marc, des Rogations, de Saint-Roch et de Notre-Dame-de-Fourvière [1]. En tout, huit livres. Outre les vingt sols de la procession de Fourvière, le dîner du vicaire était payé. En 1721, il coûte sept sols et six deniers ; en 1722, ce fut un peu plus cher : dix sols ; le vicaire dut faire un petit extra.

Dans le même compte, on trouve l'achat d'une couverture pour le lit de M. le vicaire, au prix de cinq livres dix sols ; de neuf aunes de toile pour faire deux draps à M. le vicaire, à vingt-trois sols l'aune, soit dix livres sept sols ; enfin l'achat d'une poële à frire, du prix de trois livres, sans plus ample désignation [2]. Les luminiers faisaient chaque année, à l'issue de la messe du 2 novembre, une distribution de lentilles, la valeur d'une écuellée, à qui se présentait ; la poële servait peut-être à cette préparation [3].

De 1624 à 1792, on compte près de soixante vicaires « de la paroisse de la Tour de Salvagny, annexe de Lentilly » ; telle est la formule qu'ils emploient en tête de chacun de leurs actes, alors qu'ils sont ménagers, avares même de renseignements sur la filiation et l'âge des personnes, surtout pour les décédés. Beaucoup ne faisaient que passer ; à peine apprenaient-ils les noms des gens et des lieux, adop-

---

1. *Archives paroissiales*. — Compte de la Recepte, etc.
2. *Ibid*.   *Ibid*.
3. Les vieillards affirment que cette distribution a continué jusqu'au milieu du xixe siècle.

tant toutes les orthographes possibles, écrivant parfois selon le parler patois qu'ils entendaient : Sevri-d'Azargues, Crouzi, etc. Un certain nombre vinrent de diocèses étrangers. Deux seulement moururent en fonction à la Tour : l'un, Antoine Rigoley, du diocèse d'Apt, en 1724, après cinq années de séjour ; l'autre, Joseph Allizondo [1], originaire du diocèse de Turin, décédé le 24 avril 1759, et inhumé le lendemain sous la galonnière, en présence de presque tous les habitants de la paroisse, au retour de la procession de Saint-Marc.

Nul d'entre tous les vicaires n'a laissé des notes intercalées dans les actes, notes si intéressantes aujourd'hui, même quand elles relatent les évènements les plus simples de la vie d'une paroisse. Un seul paraît avoir fait exception ; malheureusement les quelques feuillets sur lesquels il avait marqué, tout à la suite, les menus faits de son temps, ont été lacérés ; de leur existence, il n'en reste que la preuve, des mots isolés : grêle, cep de vigne, pied de la tour.

Le curé ne se désintéressait pas absolument de son annexe. En conscience, il ne le pouvait pas. Ainsi nous voyons l'un des plus anciens curés connus, non résidant, parce qu'il était en même temps chanoine de Saint-Just, Jean Micollier, venir faire son inspection, et relever lui-même sur un registre, à la première page venue, il est vrai, des actes de baptême trouvés tantôt sur un vieux missel, tantôt sur le livre du Conseil, tantôt sur des feuilles volantes. De même

---

1. Il avait francisé son nom, signant : Allizond. L'acte de décès du curé J.-B. Chauvon — 1717 — est signé par un autre Allizond, curé de Sainte-Consorce.

quand le vicaire partir n'était pas encore remplacé. Parfois alors ils indiquaient l'exercice passager de leurs fonctions par ces mots : *Sede vacante*, le poste vacant.

De 1698 à 1717, le curé de Lentilly et la Tour s'appelait J.-B. Chauvon, originaire de Bully-sur-Loire. Pendant ces 19 ans, il résida constamment à la Tour, tenant alors un vicaire à Lentilly pour le remplacer. C'est sous son administration que le pré de la Butte fut donné à la luminaire et que furent faites quelques fondations de messes. Il mourut le 3 novembre 1717, âgé de 58 ans, et fut inhumé le surlendemain, devant la porte de l'église, par le curé de Dardilly. Il avait institué sa nièce, Françoise Chauvon, fille de Christophe Chauvon, notaire royal à Bully-en-Roannais, pour son héritière universelle, lui donnant pour curateur Jean-Baptiste Bouchet, curé de Dardilly.

L'année suivante, le 31 mai, elle épousa François Cadet, marchand, bourgeois de Lyon. L'acte de mariage ne comporte pas moins de vingt-deux signatures. Le même jour, les nouveaux époux furent parrain et marraine de François Merle, né de Fleury Merle, marchand de la Tour, et de Anne Odérieu.

Nous avons vu qu'en 1737, Françoise Chauvon, veuve Cadet, vendit aux luminiers sa part du pré de Fontbonne.

Le troisième successeur du précédent comme curé de Lentilly, Auguste-Benoît Clément, licencié en théologie, fut d'abord vicaire à la Tour durant quatre ans, de 1748 à 1752. En 1755, il mentionne ainsi sa présence dans son annexe : Le jour de Noël, j'ai fait toutes mes fonctions curiales dans mon église de la Tour de Salvagny, et plusieurs autres actes, pendant la susdite

année, M. Allizondo, mon vicaire, s'étant trouvé
indisposé. En foi de quoi j'ai signé : Clément.

Un de ces actes fait sourire. A la suite des funérailles d'un mendiant trouvé mort dans une étable, il
ajoute : *Gratis pro Deo !*

Rien à signaler touchant les vicaires suivants, sauf
que l'un d'entre eux, l'abbé Loiseau (1770-1776) a
laissé les statuts d'une confrérie du Saint-Sacrement,
confrérie réorganisée, y est-il dit. Les statuts sont
suivis de la liste des confrères de l'époque [1].

Un terrier de 1624 et le plan géométral de 1778
nous apprennent que la troisième maison à droite de
la porte du vingtain appartenait à la confrérie. Lui
appartenait-elle toujours en 1790? En tout cas, elle
ne figure pas sur la liste des biens confisqués par la
nation. Déjà, comme les deux précédentes, elle avait
dû être démolie pour dégager le cimetière.

III. — LES BAPTÊMES DE DOMMARTIN

Avant d'aller plus loin, il est bon de dire quelques
mots de la paroisse voisine, ancien prieuré fondé par
l'abbaye d'Ainay au IXe ou Xe siècle, plus tard érigé
en paroisse, avec cette particularité restrictive que les
baptêmes ne seraient point conférés à Dommartin,
mais dans les paroisses voisines, comme ci-devant,
au gré et à la convenance des intéressés. De cette
bizarrerie les preuves abondent. Un registre de la
Tour porte cet en-tête. « Liste des actes baptistaires
du lieu et paroisse de Dommartin, tenu à la paroisse
de la Tour de Salvagny, parce qu'il n'y a pas de fonds
baptismaux dans la paroisse de Dommartin ».

---

1. *Archives paroissiales.* — Un petit cahier.

Le 10 juillet 1672, l'abbé Gonnet, curé de Dommartin, baptise dans l'église de Sainte-Croix *(sic)* de Salvagny, Alexandre Prost, enfant de sa paroisse, en présence de l'abbé Favier, vicaire de la paroisse [1].

En 1680, le curé de Dardilly, voulant faire un baptême dans l'église même de Dommartin, est obligé de demander une permission spéciale à M. le vicaire général ; il en consigne l'obtention dans le registre. Il s'agissait d'une personne considérable, au moins par sa marraine, Marie-Anne Delacanche, épouse de T. Blanchet, peintre du roi et de MM. les échevins de la ville de Lyon. L'enfant, objet de cette faveur, était la fille de Jacques Morillon, et de Simonde Nicolas.

A partir de 1680 [2], les baptêmes venus de Dommartin furent consignés sur un registre en double, à l'usage de cette paroisse, et jusqu'en 1790, les cahiers de la Tour portent une moyenne de ces baptêmes de deux et trois par année, d'autres se faisant à Lozanne et plus encore à Civrieux [3].

A l'encontre des vicaires de la Tour, les curés de Dommartin ont agrémenté leurs registres de détails fort intéressants : défrichements, plantation de vignes, même les rebrochages, avec indication du territoire, de la superficie et le nom des laboureurs ; bap-

---

1. *Registres bapt. de la Tour.*

2. Parce que les registres de Dommartin ne commencent qu'en 1680, plusieurs ont affirmé que cette paroisse remontait seulement à cette date. C'est une erreur. En 1657, Nicolas Gaud est nommé curé de l'église *paroissiale* de Dommartin, par suite de la résignation de Claude Basset. En 1614, Claude Gaignon est nommé curé de l'église *paroissiale* de Dommartin, vacante par la mort de Philibert Crestin. — *Registres des Provisions.*

3. *Archives du Rhône.* — Inventaire sommaire, etc., Dommartin.

têmes de cloches, réparations à l'église, etc. « Le maître-autel a été placé par Hugon, tailleur de pierres de la paroisse de Lucenay — août 1775. Cet ouvrier habile, quoique habitant la campagne, ayant levé le plan de l'autel du séminaire de Saint-Irénée de Lyon, a fait celui-ci sur le modèle, et toutes ses parties semblables, excepté les deux consoles collatérales, qu'il a fallu supprimer, pour se conformer à l'enceinte extérieure du sanctuaire, qui est très-étroite et très-resserrée, et qu'un autre curé plus heureux en ses G. R. fera sans doute agrandir... Le nommé Mercier, de Lyon, peintre, un peu barbouilleur, l'a peint, verni et doré ».

Veut-on savoir le prix de la plus belle chasuble que possède Dommartin ? le curé Nugue va nous le dire :

« Ai fait faire la chasuble blanche, galonnée en or, dont la croix a été bordée par les demoiselles Guilloud, bourgeoises de Dommartin, qui ont fait cadeau à l'église de la façon de leur ouvrage, et dont l'étoffe a été donnée par Mme Rocoffort, seigneure de Dommartin ; ladite chasuble me coûte quatre-vingt-dix-neuf livres : le gallon, soixante livres ; payé à l'apprêteur sept livres : au dessinateur, douze livres ; aux demoiselles Guilloud, pour la soye et l'or, neuf livres sept sols ; demi-aune de taffetas pour doubler le voile, deux livres deux sols : à la chasublière, pour façon, neuf livres ». L'étoffe donnée, une partie de la façon gratuite, la chasuble coûte encore quatre-vingt-dix-neuf livres ; avouons qu'elle devait être très-belle.

Le fait le plus intéressant consigné dans les actes de Dommartin est relatif à l'hiver de 1709.

« Pour mémoire des temps à venir. L'hiver de l'année 1709 fut si doux que personne n'avait encore pris ses chemisettes, jusqu'au 6 janvier 1709, qu'il fit un beau soleil jusqu'à environ quatre heures du soir, qu'il se leva une bise si cruelle et si froide, que dans cette nuit la Saône charria, et le lendemain, elle fut prise de part et d'autre. Ce froid si piquant dura dix-sept jours, pendant lequel temps, on ne mangea que du pain gelé. Le vin gelait dans les tonneaux. Tous les essements de seigle et de froment furent esteints dans la terre, et le prix du froment alla dans cette saison jusqu'à dix-huit livres, et la seigle à seize livres. Les noyers moururent tous, les chênes blancs… Toutes les vignes vieilles moururent ; il n'y eut que les jeunes qui se défendirent un peu, encore pas une ne poussa par la pouaison, mais toutes par la pense ; plusieurs moururent de disette, et ce que j'ai vu de mes yeux, les chiens se sont mangés les uns les autres. Dieu nous défende de voir une pareille saison, et vous qui lisés ce mémoire, prié Dieu pour le repos de mon âme. Fait à Dommartin par moy, curé dudit lieu, Delafosse curé [1] ».

IV. — LES RECTEURS DE LA LUMINAIRE OU LUMINIERS.

Tel était le nom donné jadis à ceux qu'on appelle aujourd'hui marguilliers ou fabriciens. Au nombre de deux, ils étaient chargés de l'administration temporelle de l'Eglise. Nommés généralement pour deux ans, par l'assemblée des habitants, ils devaient au bout de leur mandat, fournir la justification des recettes et des dépenses, tout d'abord devant la Communauté, et ensuite devant l'évêque. Ils ne pou-

---

1. Inventaire sommaire des communes, etc. — Dommartin.

vaient prendre sur eux de procéder à aucune dépense
autres que les dépenses ordinaires du Culte, et encore
au-dessus de trente sols, il fallait l'avis du curé ; au-
dessus de dix livres, celui des paroissiens ; de sorte
que toute dépense extraordinaire devait être auparavant approuvée par les habitants réunis à cet effet
dans l'église ou sur la place pulbique. A la Tour, le
curé primitif étant en même temps seigneur, les chanoines avaient voix pour certaines questions : c'est
pourquoi nous avons vu, pour des contrats cités plus
haut, à côté des habitants de la Tour, figurer deux
témoins, mandataires du chanoine-obéancier.

Toutes les anciennes familles de la Tour ont fourni
des luminiers, certaines plus que d'autres : ainsi des
Perret, des Renard ou Reynard ; après elles, des
Bost, des Dodat, des Merle, des Damez, des Rivoire,
des Assada, des Tabard, des Devaux, des Tisseur,
des Chambost, des Bouchard et des Chambard. Le
plus ancien luminier connu est un Ruyton —Rueton
dans le verbal de 1469 — puis un Guigonnand, maréchal (1624). Tous ces noms, sauf deux, sont disparus ou sont en voie de disparaître, pour faire place
à d'autres venus d'un peu partout.

Les registres de Lentilly contiennent une réclamation du curé contre la nomination d'un luminier à la
Tour. « Le premier dimanche de l'Avent, 28 novembre 1762, M. de Saint-Aulbin tenant la place de ses
officiers, ont nommé un nommé Bost, de la Tour de
Salvagny, pour remplacer Pierre Renard dudit lieu,
et comme les formalités n'ont pas été observées en
certains points que je n'avais pas aperçus, j'ai donné
ma signature, laquelle j'ai réclamée le même jour,
avant que l'acte ne fut clos et avant d'être contrôlé,
en présence des mêmes témoins, au son de la cloche

dudit lieu. Antoine Renard a accepté la réclamation de ma signature, étant contre mes droits, et tous les principaux habitants qui ont consenti de ne point rendre leurs comptes devant M. Monod, prêtre, mais devant le curé soussigné, Clément [1] ».

Il est regrettable que le réclamant ne nous ait pas fait connaître les formalités non observées. C'était l'usage que le curé proposât à l'assemblée de la paroisse le nom du futur luminier; peut-être que M. de Saint-Aulbin prit sur lui de faire la désignation. En outre, la reddition des comptes du luminier sortant d'exercice devait précéder l'élection du successeur; or, nous voyons qu'elle n'était point encore faite, puisque tous les habitants ont consenti à ne point rendre leurs comptes devant M. Monod, le vicaire de la Tour.

Faut-il croire que le curé Clément n'a pas osé protester, ni réclamer ses droits, M. de Saint-Aulbin présent ? Que celui-ci une fois parti, il reprit courage ? Si l'acte n'était pas clos et contrôlé, tout au moins l'assemblée était déjà dissoute, puisque les habitants furent rappelés au son de la cloche. En tout cas, nous savons que les marguilliers-luminiers étaient nommés par les habitants, à la pluralité des suffrages; que le curé avait le droit de proposer un candidat, toujours choisi parmi les personnes solvables et de toute probité; qu'en l'espèce, le chanoine-obéancier n'avait rien à voir dans l'élection, autrement que pour en faire dresser l'acte par ses officiers.

Chaque paroisse était tenu de posséder un coffre muni de deux serrures, dont les clefs se tenaient l'une chez le curé ou vicaire, l'autre chez le luminier.

---

1. Inventaire sommaire des communes, etc. — Lentilly.

Ce coffre souvent assez volumineux pour servir de banc d'œuvre, recevait l'argent, les papiers et les titres de l'église. Peut-être qu'en cherchant, on retrouverait celui de la Tour dans quelque maison, où il a servi et sert encore de coffre pour l'avoine. Sauvé du pillage en 1793, les municipaux de l'époque ne surent pas le garder pour leurs archives.

A côté des luminiers, le syndic, plus spécialement chargé des intérêts temporels de la communauté, son défenseur-né devant le seigneur, et même l'administration royale, jusqu'à ce qu'il devienne l'homme de celle-ci. Alors il concourt a la levée des impôts, au recrutement de la milice, procède aux recensements des chevaux, fait la police des épizooties, veille à la réparation des chemins, etc. Les ordonnances royales exigeaient un syndic dans chaque communauté ; mais comme ces fonctions étaient plutôt onéreuses, beaucoup de paroisses n'en avaient pas ; alors elles incombaient aux luminiers. Tel paraît être le cas de la Tour, étant donné que la première mention d'un syndic dans les registres, ne remonte qu'à 1765. Il s'appelait Pierre Renard. C'est peut-être le luminier de la protestation du curé Clément. Un acte de 1783 le qualifie d'ancien syndic, vigneron, et son fils Antoine, également vigneron, de syndic actuel. Un autre acte de la même époque mentionne Antoine-Fleury Merle, ancien consul, et Georges Tabard, consul pour l'année prochaine.

Un règlement de 1787 institua des municipalités dans toutes les communautés de pays d'élection. Nulle trace de ce qui fut fait à la Tour [1].

---

1. Lentilly procéda le 2 septembre à la formation de « l'Assemblée municipale » composée de six membres.

V. — Notaires et Procureurs
ayant résidé a la Tour.

Le premier notaire dont les registres fassent mention s'appelle André Garde. Un acte de procédure de 1640 nous apprend qu'un Jean Garde était fermier de la rente noble de Lentilly. Vers la même époque, — 1646 — le curé de Lentilly s'appelait aussi Jean Garde, et le prieur de Dommartin Jean Garde. Les parrainages prouvent qu'ils étaient de la même famille. Un fils du notaire, Jean, succéde à son père dans sa charge ; on le trouve en 1672 et même en 1677, tandis que deux autres fils embrassent l'état de serrurier et tonnelier. A Jean Garde, qui eut beaucoup de filles et point de fils, succéda Pierre Véron, qualifié ici de greffier, et ailleurs de notaire-greffier [1]. En juin 1695, il fut assassiné et jeté dans le ruisseau du Maligneu. Les gens de Dommartin l'ayant vu avant tous les autres, le tirèrent sur leur territoire ; mais comme il était constant que le crime avait été commis sur la Tour, et que la justice des deux paroisses n'était point la même, les officiers de Lentilly réclamèrent le corps, et droit fut fait à leur requête. L'attestation du chirurgien Guillemin porte : tête fracassée, gosier coupé. Il fut inhumé le 4 juin 1695. Un fils posthume qu'il eut de Jacqueline Raymond ne vécut pas.

---

1. Né à Saint-Agrêve-en-Viennois, il exerçait la profession de chirurgien-apothicaire, à Theizé-en-Lyonnais, lorsqu'il épousa, le 12 janvier 1690, Jeanne Merle, veuve d'Antoine Dubost, marchand à la Tour, fille de feu Antoine Merle, aussi marchand à la Tour et d'Antoinette Baudin. A la suite de ce mariage, il abandonna la chirurgie pour l'emploi de greffier-notaire. Jeanne Merle mourut le 15 janvier 1693. Pierre Véron épousa par la suite Jacqueline Raymond. — *Registres paroissiaux.*

Ici, une lacune pour les notaires. Mais les actes mentionnent Claude Giraud, procureur, décédé en 1689, à l'âge de 62 ans ; son fils Antoine lui succéda.

En 1703, nous retrouvons un Antoine Giraud, notaire et greffier de la juridiction de Lentilly, résidant à la Tour, et en 1731, encore un Antoine Giraud, notaire, le même peut-être, qui épouse Jeanne Manin, veuve de François de Grangeneuve, de Rive-de-Gier. Des suivants, nous ne connaissons que les noms, et probablement pas de tous : 1739, Dugoujard ; 1742, Durand ; 1768, Bouchard et 1784, Hubert Vial, qui fut le dernier.

VI. — Chirurgiens

« Les chirurgiens de campagne se distinguaient plus des médecins que des barbiers, à la corporation desquels ils avaient longtemps appartenu dans les villes ; leur condition était modeste ; leur demeure et leur mobilier ressemblaient à ceux d'un paysan aisé. La loi exigea d'eux des garanties d'études et des certificats de capacité. On n'en disait pas moins d'eux dans certaines provinces, en 1788 : Il suffit de manier un rasoir pour s'ériger maître en chirurgie [1]». Ceci dit, il nous reste à faire connaître que, si peu instruits que fussent les anciens chirurgiens, la paroisse de la Tour n'en a jamais manqué, tandis qu'aujourd'hui... Malheureusement nous n'avons guère que des noms à donner. En 1686, César-Jean Pascalon [2] ; 1644, An-

---

1. Albert Babeau. — *Le Village sous l'ancien régime.*

2. Il est entendu que les chiffres, sans autre indication, sont ici, comme pour les notaires, ceux de l'époque où les chirurgiens figurent sur les registres.

toine Perrovin ou Péronnier ; 1674, de Lignières ;
1677, Siméon Devant ou Devaut : 1684, Julien Dupré, originaire de Saint-Sorlin, en Bourgogne, marié
a Jeanne Vizo, de la Tour ; 1695, Antoine Guillemin,
souvent parrain et Etiennette Duchasseint, sa femme,
souvent marraine ; celle-ci meurt en 1729 ; 1725,
concurremment avec le précédent, Mathieu Richard,
également parrain bénévole. Ils meurent tous deux la
même année, 1738, Mathieu Richard, le 10 janvier,
à l'âge de 42 ans, et Antoine Guillemin, le 29 janvier,
à l'âge de 75 ans ; 1743, Joseph Dubourg ; 1745,
Reynard de la Jardière, originaire de Poitiers. Il a avec
lui sa fille qui nous est seulement connue comme
marraine ; 1751, Pierre Pugnaix ; 1763, Jean-Marie
Polemard, mort en 1775.

Enfin, un maître apothicaire, en 1691, Pierre Véron, et un maître accoucheur, en 1785, François Huë.

VII. — Instituteurs

Les registres ne nous fournissent qu'un nom d'institutrice sous l'ancien régime, demoiselle Antoinette,
que nous avons vue reine au royaume de Saint-Ennemond avec sa nièce pour dauphine [1], et aucun nom
d'instituteur avant 1781. Cela veut-il dire qu'il était
difficile, sinon impossible à cette époque de se faire
instruire ? Non. A défaut de preuves tirées des Archives de la Tour, on a celles des autres pays, d'où il
résulterait que si l'instruction primaire était peu répandue ici, la faute en serait aux habitants et non à
l'autorité. De nombreux textes établissent l'existence
d'écoles dans la campagne durant le moyen âge ; les

---

1. V. Ch. VI. — Biens de la luminaire. — Royaumes.

curés choisissaient des clercs pour instruire les enfants et recommandaient aux parents de les envoyer fidèlement à l'école. Les guerres de religion, comme il arrive dans les temps troublés, mirent un arrêt à la fréquentation des classes. Mais l'enseignement se releva vite. Louis XIV rendit l'école primaire obligatoire jusqu'à l'âge de 14 ans; sous Louis XV, les ordonnances précédentes furent renouvelées; et à consulter les registres baptistaires, on constate que les générations suivantes ont mieux obéi, car ceux qui peuvent signer sont bien plus nombreux.

Quels pouvaient être les instituteurs de la Tour? Le vicaire lui-même, ou celui des habitants qui paraissait le plus capable d'enseigner la lecture, l'écriture, les quatre règles, sachant lui-même déchiffrer les vieux manuscrits, le nec plus ultra de la science primaire à cette époque, afin de faire connaître, en cas de besoin, le texte des anciennes chartes de la communauté. Trop difficile à lire, ils avaient recours à un commissaire en terriers, qui leur en donnait une copie [1].

Mais ce que nous croyons être la vérité, le plus souvent dans les campagnes du Lyonnais, l'instruction était donnée par des hommes venus des vallées des Alpes Briançonnaises. A l'approche de l'hiver, ils quittaient leur village, pour n'y rentrer qu'au printemps. L'école n'étant ouverte et suivie que durant l'hiver, on la fréquentait souvent jusqu'à l'âge de 17 ans [2].

---

1. *Archives paroissiales de la Tour.*

2. En 1686, Dommartin possédait un *maître d'eschole*, nommé Mathieu Bouvier. Le 19 août, il signe l'acte de Benoît Colin, âgé d'environ 100 ans, de Châtillon-les-Dombes, mort en passant sur la paroisse de la Tour.

88

Le premier instituteur désigné dans les registres se nommait Désiré Chevrier, originaire de Belfort. Il est parlé de lui deux fois, à l'occasion de la naissance et de la mort de l'un de ses enfants.

En 1795, nous trouvons en qualité d'institutrice Fleurie Jomand ; elle tenait même des pensionnaires ; nous savons cela par la déclaration qu'elle fait de la mort de l'un d'eux : Louis-Anthelme Fayolle, fils de l'aubergiste du Chapeau-Rouge, à Lyon, rue de Flandre et de Fleurie Plattet.

En l'an IX, l'instituteur s'appelle Ignace Jacob, un Briançonnais resté à la Tour, où il fit souche, en épousant Fleurie Devaux. Il perçut les impôts pendant un an, grâce au rabais des enchères.

En 1819, Antoine Merle, propriétaire et instituteur à la Tour, est nommé membre du Conseil de fabrique. Il exerce encore ses doubles fonctions en 1830. Conjointement avec Mademoiselle Dubessy, institutrice, tenant aussi l'école dans sa maison, ils demandent tous deux au Conseil municipal une petite indemnité qui leur est refusée, « parce qu'ils sont à l'aise [1] ».

Plus tard, Mademoiselle de Saint-Jean, autre institutrice, très pauvre celle-là, essuya le même refus. Heureusement pour elle, la dame de Villedieu la recueillit, en fit sa lectrice et demoiselle de compagnie, lui assurant ainsi un gîte et du pain jusqu'à la fin de ses jours.

---

1. *Archives municipales.* — Délib. du 10 mai 1830. — Dans un rapport adressé au préfet, le maire déclare qu'il n'est fait pour l'entretien des écoles aucun prélèvement sur les revenus communaux, et leur modicité ne permet pas d'en faire. — Copie de lettres cité — 1819.

Le 12 août 1833, le Conseil, invité à prendre les mesures pour accomplir les prescriptions de la loi sur l'enseignement primaire, refuse de voter des fonds, attendu que « l'instituteur se contente de la rétribution scolaire — Farceurs ! — et qu'il n'y a pas d'indigents dans la commune ».

Trois mois après, le 10 novembre, le Conseil forcé dans ses retranchements, vote une indemnité de logement de cent francs [1] et un traitement de deux cents francs. Mais afin de faire savoir qu'il obéissait à la force, il a soin d'ajouter, après le chiffre 200, ce mot significatif : le minimum. Ensuite, s'appliquant à reprendre d'une main ce qu'il est contraint de donner de l'autre, il réduit la rétribution scolaire de vingt-cinq et de cinquante centimes. Enfin, il accouche en trois mois de dix élèves indigents.

C'est dans ce temps-là qu'on commença de bâtir une mairie-école. En raison de certaines circonstances, nous n'en parlerons que dans un autre chapitre.

VIII. — Maîtres de poste

Nous avons vu qu'à la fin du XVIe siècle, la Tour était déjà relai de poste : nos découvertes n'ont pu monter plus haut, et nous n'avons pas été heureux avec les registres paroissiaux pour les successeurs de messires Desferre et Ducreulx. Ils signalent en 1636, N. Pacgmalon, et en 1644, Antoine Péronnier, maître de poste, à l'occasion du baptême d'une fille à lui, et c'est tout jusqu'au dernier quart du XVIIIe siècle. La présence à la Tour, où il était propriétaire, de

---

1. *Archives municipales.*

Pierre Gruby, maître de poste à Lyon, présence mentionnée au moins trois fois à l'occasion de baptêmes, porte à croire que ce dernier, et d'autres après lui, cumulait les deux emplois, en vertu d'une licence, et faisait tenir celui de la Tour par un postillon de confiance [1].

Le passage de la Grande Poste et le relai donnaient une certaine animation à la Tour, particulièrement au quartier appelé pour cela la Charriére [2]. Les anciens racontent qu'à certains moments de la journée, il était difficile et dangereux pour les enfants de circuler dans la rue. Combien cela a changé ! La construction de la route dite des Trois-Renards à Sain-Bel commença par détourner tous les voituriers et coquetiers descendant la vallée de la Brévenne : la route de Lozanne à la Chicotière, joignant en cet endroit la rectification de la route par la Bourgogne, enleva à son tour le transit venant de la vallée d'Azergues. Enfin, le dernier coup fut porté par l'établissement des deux lignes ferrées, entre lesqelles se trouve la Tour, et la fonction de maître de poste n'eut plus de raison d'être. Actuellement la route reprend, surtout le dimanche, un peu de mouvement, par le passage des amateurs de sports à la mode.

---

1. Maîtres de poste, 1776. Jean Petit ; 1779, Pierre Petit, son frère ; an X, Jean-Baptiste Piquet ; 1811, Joseph-Charles Mottard ; 1817, Pierre Seriziat et Curat ; 1820. Henri Gouttard ; 1829. Jeanne Dury, veuve Gouttard, puis vers 1845, son fils Pierre Gouttard, qui fut le dernier.

2. A la fin du xviie siècle, la Tour possédait quatre « hostes », deux « bolangiers », un boucher, deux maréchaux-ferrants, un serrurier, un tonnelier, un maître-cordonnier, un maître-maçon, plusieurs marchands, etc. La grande route et le relais en avaient fait un petit centre d'affaires. — *Registres paroissiaux*.

CHAPITRE VIII

Salvaniacum, avant de se transformer en Salvagny,
s'appela, durant la seconde période du moyen-âge,
Salvaneu, comme Lentilly, Lentilleu, et Marcy, Mar-
ceu. Toute la vie du pays était circonscrite dans trois
petits centres : le village proprement dit, avec ses
environs immédiats, désignés d'ordinaire en ces termes : près le château, et deux hameaux ou massages
appelés le Jacquemet et la Pussetière. On ne voit
apparaître le nom de la Charrière qu'à l'extrême
fin du xviiie siècle, et en dehors des maisons établies
sur le triangle formé par les chemins dont la route
nationale est la base, les derniers terriers ne signalent
que sept maisons isolées : une au Comtal, elle s'est
écroulée récemment ; une en Varennes — Vérines — ;
une troisième au Puy ou Puits, c'est-à-dire en Pissechien, selon la ridicule appellation d'aujourd'hui —
maison Passinge devenue, pour une partie, abattoir ;
un plan de la seigneurie de Villedieu l'appelle ; maison de la Casse froide — une quatrième à la Portière,
appartenant à Benoit Tisseur ; une cinquième à Font-
Faure, c'est l'ancienne maison Dutour ; une sixième

à la Croizette — maison Rossignol ; la septième est la maison Bodesson avec sa tuilerie, aujourd'hui disparue. En 1667, elle appartenait à M. Smeraldy, bourgeois de Lyon [1].

LE JACQUEMET OU LES JACQUEMETS

Peu de choses à dire de ce hameau, qui, primitivement faisait partie de Rosières, et qui a englobé plusieurs territoires, dont Six-Sols et la Morandière. Il comprenait six ou sept habitations, s'est augmenté de deux au XIXe siècle, pendant que l'une des anciennes s'écroulait. La maison et les domaines de Six-Sols ont appartenu, croyons nous, à la famille Bréguet, de Lyon. Un terrier le désigne ainsi : maison, grange, étable, pigeonnier, terre, pré, vignes, champéage et hermages, le tout contigu, de la contenance de 55 bicherées, territoire du Jonchet, Larchet, Six-Sols et la Morandière.

Le 22 avril 1721, Jean Bréguet, écuyer, lieutenant ordinaire de la Vênerie du roi, demande l'autorisation de construire une chapelle domestique dans son domaine de la Tour. Motifs : l'éloignement de l'église paroissiale et le mauvais état des chemins en temps de pluie. Il s'engage à la doter de dix messes annuelles. L'autorisation est accordée, et l'archevêque délègue messire Mathieu Charbonnel, prêtre perpétuel

---

1. « Le 22 juillet 1667, je soussigné, vicaire, ai fait la sépulture et funérailles dans l'église de la Tour, de deux massons affaneux chez maître Perret le masson, habitant audit lieu, qui moururent en travaillant dans la grange de M. Smeraldy, bourgeois de Lyon, proche de Dommartin, ayant été écrasés sous le faix d'une fondation de maison, dont l'un a reçu de moi le Sacrement de pénitence. Guillot, vicaire. — *Registres paroissiaux.*

de Saint-Jean, son aumônier, pour procéder en temps et lieu aux vérifications nécessaires et à la bénédiction de la chapelle [1]. Nous ignorons si l'ordonnance fut mise à exécution, n'ayant pu découvrir le procès-verbal soit de la visite, soit de la bénédiction [2]. Du reste, les Bréguet paraissent n'avoir fait que passer à la Tour; leur nom ne se rencontre sur aucun registre.

Le Jacquemet est longé au nord par la route de la Tour à Lentilly; le chemin qui le traverse s'amorce sur cette route, et va rejoindre plus loin, proche la rivière, le chemin de la Garde en Pleine-Serve. Il existe également un sentier qui prenant entre les deux pâtés de maisons formant le hameau, descend dans la colline de Rosières, remonte jusqu'au village où il aboutit, par le Penin, proche le château. Sur le plan géométral, il est déjà en pointillé. C'est peut-être le chemin auquel fait allusion la supplique du sieur Bréguet : on comprend aisément qu'il n'était guère praticable pour les dames, surtout en temps de pluie.

Entre le chemin de Lentilly désigné plus haut et les maisons du hameau, existe une carrière abandonnée ; sur le même plan, elle est désignée avec cette rubrique : Carrière ouverte pour l'entretien de la grande route.

---

1. *Archives du Rhône*. — Fonds métrop.

2. Il est probable qu'elle eut son exécution ; car, dans les bâtiments de Six-sols, existe au premier étage un appartement isolé divisé en deux parties, dont l'une a été soigneusement plâtrée ; la fenêtre de. moyenne grandenr réduite à une très petite ouverture ; une porte aujourd'hui condamnée faisait communiquer avec la maison d'habitation. Tout semble se rapporter à une chapelle domestique.

C'est au Jacquemet, grâce à sa bonne exposition, que se récoltait le meilleur vin de la Tour.

LA PUSSETIÈRE

Ce hameau est dénommé dans les registres baptistaires de diverses manières : Puizetière ou Puizatière, Puzetière, Poussetière, Buchetière, Pessutière, et enfin Pussetière qui a prévalu officiellement, malgré qu'il provoque le rire. Nous croyons que le vrai nom est Puizatière ou Puizetière, dérivant de l'antique puits banal qui existe encore en cet endroit.

La maison principale de ce hameau et quelques terres adjacentes appartenaient, vers le milieu du XVIe siècle, à Lyonnet de Laube, bourgeois de Lyon, marié à Renaude d'Ivry, et décédé en 1556. Il se qualifiait de seigneur de la Tour-Courtin, nom primitif, paraît-il de ce territoire [1]. Le terrier de 1624 mentionne dame Anne Merlin, veuve de noble Jean de Laube, bourgeois de Lyon, habitant à la Tour « territoire de la Puzetière, appelée à présent Laube [2] ».

Ce domaine passe ensuite à la famille de Cotton ; en 1644, Antoine de Cotton est parrain dans l'église de la Tour [3].

En 1657, « Hiérosme de Cotton, bourgeois de Lyon », expose à l'illustrissime et révérendissime Camille de Neuville, archevêque de Lyon « qu'il a une maison de campagne au lieu de la Tour de Salvagny, en Lionnoys, en laquelle il a fait construire une

---

1. Communiqué par M. le comte Paul de Varax. — Tour-Courtin, en raison peut-être des murailles crénelées formant courtine.
2. *Archives du Rhône.* — Terrier de la rente noble de Lentilly.
3. *Archives communales de la Tour.* — Registres bapt.

chapelle, pour y estre célébrée la sainte messe, en cas de nécessité, tant à cause de la distance de l'ésglise paroissiale dudit lieu, que du continuel passage, soit des gens de guerre ou autres personnes, allant et venant à Paris et Lion, ladite maison estant exposée proche le grand chemin, où il peut arriver souvent de grands accidents ».

Antoine de Neuville, abbé de Saint-Just, etc., vicaire général au spirituel et temporel de Monseigneur l'archevêque, accorde une permission beaucoup plus ample que celle demandée : la permission pour tous les prêtres et religieux de célébrer la sainte messe, tous les jours de l'année, à perpétuité. Sont néanmoins exceptés les jours de Pâques, Pentecôte, Fête-Dieu, Toussaint, Noël et la fête du patron de la paroisse, auxquels jours, il faudra la permission expresse du curé. L'ordonnance est du 11 août 1657.

Le curé de Lentilly et la Tour, Jean Micollier, chanoine de l'église collégiale de Saint-Just, délégué pour les constatations canoniques, bénit la chapelle le 19 octobre 1658. Ensuite il célébra la sainte messe : de même après lui, révérendissime Jean-Antoine de Lion, capucin, et messire Charles Berger, vicaire de la Tour, en présence de Jérôme de Cotton, Jean Bertrand, et plusieurs autres habitants de la Tour [1].

La Croix appelée encore aujourd'hui Croix-Cotton, tire son nom de cette honorable famille. Avant 1730, la route de Lyon aboutissait à cet endroit, et remontait par la Durière jusqu'à la hauteur de la verchère des héritiers Chapelle. Il y avait donc là un trêve qui a disparu avec la rectification de la route, ou plutôt,

---

1. *Registres bapt. de la Tour*.

qui a été reporté plus au nord. La croix démolie en 1793, fut rétablie en 1802, par les soins de P. Tabard, dit lA'llemand, qui avait acquis de M. de Laval la terre où elle se trouve actuellement [1].

Par contrat du 23 septembre 1673, Jérôme de Cotton et Françoise Fichet, son épouse, vendent leur domaine de la Tour au sieur Paul Simonnet, seigneur de Belair, qualifié de « gendarme et gentilhomme au service du roi », dans un acte de décès audit la Tour.

Le 26 avril 1709, son fils et héritier bénéficiaire, Claude, revend au sieur Nicolas Deville, bourgeois de Lyon, le domaine appelé de la Tour-Courtin, consistant en une maison, au territoire de la Puizetière, composée de plusieurs membres hauts et bas en mauvais état, chapelle, maison pour le granger, etc., etc., le tout clos de murailles à crêneaux, du côté des bâtiments du maître.

Le 26 janvier 1711, le privilège de faire célébrer la messe dans la chapelle édifiée par Jérôme de Cotton, est confirmé par Pierre Deville, vicaire-général du diocèse, chanoine-chantre de Saint-Paul [2].

Le 19 juillet 1711, Nicolas Deville fait une donation de soixante livres, pour aider à la construction de la chapelle de Saint-Ennemond, et fonde une pension annuelle et perpétuelle de trois livres, au profit de la luminaire, moyennant quoi il aura droit de placer un banc, d'élire sa sépulture dans la chapelle, etc [3].

Le 9 juillet 1736, Roch Deville, fils de Nicolas, obtient du Chapitre la permission de déplacer, à ses

---

1. Plan géom. de 1778. Il donne en pointillé l'ancien chemin.

2. Il fut aussi supérieur du Verbe-Incarné de Lyon — mort en 1715. — (Notice historique. — *Le Monastère du Verbe-Incarné de Lyon*, par l'abbé J.-B. Martin).

3. Voir chap. V. — La Tour-église.

frais, bien entendu, le chemin tendant de la Puizetière à Lyon et à Laval, de toute la partie qui longe le clos attenant à sa maison. Pour cela, il dut le reporter au nord sur une longueur de deux cent vingt-cinq pieds [1]. Ce chemin existe toujours tel quel.

Le 19 février 1750, messire Jean la Croix, seigneur de Laval et autres lieux, conseiller honoraire à la Cour des monnaies, sénéchaussée et présidial de Lyon, achète des sieurs Jean, Roch et Pierre Deville, un domaine consistant en bâtiments pour le maître et le valet, et fonds en dépendant, venant de l'hoirie du sieur Nicolas Deville, père des susdits, plus en l'usage et propriété dans l'église de la Tour, d'un banc fondé par Nicolas Deville. Cette vente est faite pour la somme de seize mille huit cent trente-neuf livres.

A la mort de Jean de la Croix de Laval survenue en 1791, la Puizetière passa entre les mains de son fils Pierre-Jean-Philippe-Anne, chevalier d'honneur en la Cour des monnaies de Lyon, administrateur de Rhône-et-Loire en 1790, mort victime de la Révolution, le 24 décembre 1793.

Elle devint alors la propriété de son second fils, Jean de la Croix-Laval, maire de Lyon et député du Rhône sous la Restauration. A sa mort en août 1860, elle devint celle du comte Emmanuel de Varax, son petit-fils, qui la possède actuellement [2].

A la même époque, la Puizetière possédait une autre maison bourgeoise. Elle est ainsi désignée dans

---

1. *Archives du Rhône.* — Arm. Jacob. *Lentilly.* Vol. 5. — Le chemin primitif est en pointillé dans le plan géométral.

2. La succession non-interrompue depuis 1550 des propriétaires de la Puizetière nous a été obligeamment fournie par MM. Emmanuel et P. de Varax. — La « maison de maître » fut reconstruite après 1778.

98

un terrier : maison haute et basse, étable, mur, cour,
jardin, pré, place ou suel joints ensemble, situés au
territoire de la Puzetière, appelée à présent Laube,
jouxte le pré de la confessante, qui est la dame Merlin déjà mentionnée[1]. La limite est toujours la même,
sauf que cette partie du pré a été mise récemment en
vigne. Quant à la maison, l'un de ses derniers possesseurs l'a quelque peu transformée[2], et les gens du
pays racontent des légendes sur les trésors trouvés
dans les démolitions. En 1624, elle appartenait à noble
Philippe Cattin, et Jean Bonnière. Qu'était ce dernier ?
Nous l'ignorons. Philippe Cattin, bourgeois de Lyon,
fut l'ancêtre de ceux qui demeurèrent un siècle et
demi à la Tour, plusieurs ayant occupé la charge de
procureur dans l'obéance de Lentilly[3].

L'ancien acqueduc, dit de la Brévenne, passait dans
les dépendances de ces deux domaines. Nous croyons
que le mot « mur » dans le dénombrement cité plus
haut, désigne les restes de l'acqueduc, on verra plus
loin le motif de cette croyance.

TERRITOIRES

Quelques mots sur la toponymie des autres territoires. Là comme en beaucoup de pays, chaque coin
de terre a son nom. Les sources ont donné les suivants : Fontbonne, Fontanettes, Fontfaure, Fontga-
rin, Fontoysel, Fontpelose, les Gouttes de Rosières.
Qu'on se souvienne du mot Gutta dans les limites du

----

1. Terrier Lorivière de la rente noble de Lentily, 1624.

2. L'aimable et regretté M. Pitrat qui fut un imprimeur re-
nommé.

3. Voir Ch. V. La tour-église, et VI. Les Biens de la luminaire.
— Royaumes.

domaine de Rotbald. La gent ailée : Perdrizière, Angreullet. La flore ou les arbres : l'Ormet aujourd'hui les Ormets, les Agrulles, nom patois du houx, le Sauge-Moreau.

La Croizette et la Creuzette nous apprennent elles-mêmes leur origine. D'autre part, bien des territoires doivent tirer leur nom d'anciens propriétaires disparus sans laisser de traces dans les papiers publics. Parmi ces territoires : Le Jonchet, Larchet, la Cartella, la Durière, la Ribaudière, la Morandière, la Rollandière, la Morellière, la Guyotière, la Pellissonnière, la Rivollière, la Paquetière, la Mollière, la Moinière, la Balmondière, les Allardières, les Greffières, Pra ou Pré-Mutin, Bois-Sutin, Pra-Goîtreux, Malpertuis, Cordinaux [1], la Garde, le Ranzy, Grand'Champ ou Chappelet, la Butte, Aveyrieu, Varennes, le Comtal, les Planchettes, Lairineuse ou l'Arneuse, Pleine-Serve, l'Essart communal, le Périer royal, le Mur ou l'Arc, etc., etc., sans oublier les endroits où l'on traversait la rivière et appelés : Pas Jean-Roux, Pas du Gas, Pas Bouchard, Pas Chardon, Pas des Fayes.

Plusieurs de ces noms méritent un moment d'attention. La Perdrizière, nom si poétique est devenue la Pédrezière ; Varennes, Vérines ; Aveyrieu, Veyrie ; Salayeu qui s'appelait aussi Laya et Roba, est devenu Saley ; la Durière, la Derrière ; Puits-Chin, Pissechien ; l'Essart Communal, Cerqueminal ; Bois ou Selve de Garde, Serre de Garde ; Sylva Plana, Pleine-Serve ; les Champs Alviers, les Olivays d'abord, ensuite les Alluverts.

---

1. *Cordenost au XVe siècle. — Reconnaissance de Joannès de Cordenost à la date du 31 mai 1492.* — Papiers de Villedieu.

Il semble qu'il a fallu un tour de force pour changer Essart Communal en Cerqueminal. La chose s'est passée simplement ; même la recette peut quelquefois servir aux chercheurs d'étymologies. Les hommes du cadastre de 1820 ont entendu les laboureurs prononcer en leur patois : Sarc'm'nal ; ils ont traduit Cerqueminal. Essart signifie quelque chose [1], le nouveau nom, rien du tout. La carte agronomique a fait subir à ce territoire une dernière torture, l'appelant ici : Sarcuminal, et là : Cesquenuisal [2].

C'est par le même procédé que le treyve du Landier est devenu Travalandy sur toutes les cartes modernes. Ce terme de landier [3], usité dans les pays de marécages, désignait le genre de travaux servant à dériver les eaux dans les rivières voisines. Or, en cet endroit de la forêt, le terrain, selon l'expression courante, est très goutteux ; de plus, il fait cuvette. On voit toujours perpendiculairement au chemin, un fossé qui essaie d'emmener les eaux dans le ruisseau de la Tessonnière, autrement dit, de l'Essart Communal. Le *Bois de Travalandy* de la carte d'état-major est donc le *Bois du Treyve du Landier*.

Il est une autre désignation dont la perte est encore plus regrettable, celle de Sylva plana, qui se trouve dans les vieux contrats. On en a fait Pleine Serve. La plus grande partie du territoire de Salvagny est de toutes parts vallonnée, au point d'y trouver difficilement cent mètres consécutifs de superficie plane,

----

1. Essart : terrain généralement à l'orée d'un bois, ou même entouré de bois, qui a été défriché pour un temps.

2. Carte agronomique de la Tour de Salvagny, par MM. J. Deville et Léon Vignon, 1808. — Carte et texte.

3. Landia, *landea* ; de *land*, terre et de *eia*, eau. — Ducange.

tandis que la partie située sur la rive droite du ruisseau, sitôt un petit côteau franchi, offre une plaine
boisée encore, dans son ensemble, comme jadis le
reste du pays ; on l'avait nommée avec raison : Sylva
plana. Mais voilà que Sylva devient Selve ; on a bien
dit : Selvaniacum, *terra Selvagnea* — ensuite Serve,
sans comprendre que la corruption du mot en chan-
geait le sens, et enfin Serve pleine, pleine Serve, avec
l'adjectif *plena*, au lieu de *plana*, celui-ci n'ayant plus
d'objet. Et voilà comment une dénomination, qui
était toute une description, s'est changée en une
autre qui n'a pas de sens. Certains pays plus jaloux
de leurs vieux noms, ont su les garder : Silvaplana,
dans l'Engadine : Selvapiana, dans le Parmesan.

Le Périer royal est une carrière abandonnée située
« proche le chemin tendant du Pas Jean Roux au lieu
de la Garde ». C'est la mine soi-disant de plomb dont
parlent tous ceux qui ont écrit sur la Tour. Or, voici
ce qu'en dit le maire Jean Gonnard. à la date du
12 juillet 1820. « On prétend qu'il y a une mine de
plomb à peu de distance du village... L'exploitation
en a été recommencée en 1815, par un nommé
Robert, de Lyon, qui n'ayant obtenu qu'un mauvais
succès, a quelques mois après cessé son entreprise [1] ».

Territoire du Mur, des Murs ou des Arcs. — Tel
est le nom donné à la partie occidentale du territoire
situé entre la vieille route de Lyon à l'Arbresle et le
chemin de la Tour à Lentilly, par le Charpenay. C'est
là que passait, au sortir de la plaine de Jouë, l'acqueduc dit de la Brévenne, alimenté principalement par
un affluent de cette rivière, l'Orjolle, dont les sources

---

1. Copie de lettres déjà cité.

sont aux confins d'Aveize et de Duerne. Les historiens s'accordent à le regarder comme le premier établi, après la conquête de la Gaule par Jules César, puis abandonné, quand fut construit celui plus important du Pilat.

Du ravin de l'Orjolle, l'acqueduc traversait les territoires de Montromand, Courzieu, Chevinay, Saint-Pierre-la-Palud, Sourcieux, et aboutissait par un ou plusieurs coudes très prononcés à la plaine de Lentilly, appelée encore aujourd'hui le Creux du Lac [1]. Il y a apparence que, dans l'intervalle, il recevait les eaux de quelques-uns des vallons qu'il traversait.

Au lac de Jouë, il reprenait la ligne droite pour, à peu de chose près, la conserver jusqu'à Ecully. Il est possible de s'en rendre compte en ce même endroit, car l'acqueduc est encore visible sur une longueur de deux cent vingt pas. La face nord du massif de maçonnerie s'élève à l'endroit le plus haut, à 4ᵐ 50 au-dessus du sol : au côté sud, le terrain est plus élevé, parfois presque à niveau. En un point, la voûte est crevée ; un léger déblaiement à droite ou à gauche suffirait pour mettre à jour le canal.

Durant les saisons les plus sèches, les prés voisins sont toujours humides, preuve que le canal se remplit par infiltration et fait citerne. Un propriétaire a même imaginé de placer une série de tuyaux perpendiculaires à la ligne de l'acqueduc, pour en amener les eaux dans son pré.

---

1. Le lac proprement dit n'occupait que le fond de la cuvette, le long de l'ancienne route de Paris à Lyon, laquelle lui servait de digue. Sa largeur ne dépassait pas la distance qui sépare les deux treyves que l'on voit en cet endroit ; sa longueur était double. Il fut asséché et mis en culture, par M. Saint-Aulbin, en 1768. — Plan géométral.

En quittant le territoire de Lentilly, le tumulus disparaît, par le fait que le terrain va s'élevant jusqu'aux Croizettes ; le canal se trouve donc entièrement et tout naturellement souterrain. C'est à partir de ce point que commence le territoire mentionné sous le nom de Mur ou des Murs, ou encore, par extension, des Arcs. On voyait naguère un reste considérable d'un mur s'élevant encore, à cette époque, de deux pieds au-dessus du sol, avec une épaisseur de quatre pieds forts. Ses deux faces étaient cimentées. Celui qui l'a démoli raconte combien cela lui a coûté de peine. S'il venait facilement à bout du parement à niveau du sol, l'intérieur composé de petits cailloux noyés dans la chaux, résistait aux pics les mieux trempés ; il fallait employer la massue, casser le bloc compact, fragment par fragment [1].

Il est difficile de se prononcer sur la destination de ce mur. Cimenté sur ses deux faces : serait-ce la partie médiane du canal, doublé en cet endroit, en raison de sa bifurcation prochaine ? Faut-il y voir une manière de protection en faveur de la voûte, là où son sommet affleurait le sol cultivable ? Peut-être. En tout cas, le mot de mur semble bien s'appliquer à l'ensemble de la construction, là où elle apparaît plus ou moins au-dessus de la ligne du terrain, tandis qu'on disait : l'Arc ou les Arcs, là où elle émergeait entièrement.

Un peu plus loin, l'acqueduc se divisait en deux branches, la branche principale passant au Jacquemet, et de là à la Puizetière, après avoir franchi les petits vallons de Rosières et de la Creuzette ou la Butte,

---

1. M. Pin.

ensuite à la Beffe, sur le territoire de Dardilly, puis à Ecully, pour aboutir enfin à Saint-Irénée.

Or, nous avons vu dans le dénombrement cité plus haut, au sujet de la maison Cattin, qu'il est fait état d'un *mur*. Un des derniers propriétaires [1], en nivelant sa cour, a découvert l'acqueduc sur une longueur de 8 mètres, en parfait état de conservation. La hauteur du canal, prise du milieu du radier, qui est curviligne, jusqu'à la voûte en plein-cintre est de 1ᵐ 90 cent. ; sa largeur est exactement de 1 mètre ; les parois, jusqu'à la haureur de 0ᵐ 60 cent., niveau probable de son débit normal, sont garnis d'un soubassement en ciment de 0ᵐ 07 cent. d'épaisseur [2]. Ce canal, creusé dans le roc, n'en est pas moins soigneusement maçonné, comme nos tunnels modernes [3].

On peut donc suivre le canal jusqu'à 8 mètres dans l'ancienne propriété Cattin ; après quoi, il passe dans les propriétés Mazallon et Chambaud, puis sous les étables de la ferme de M. le comte de Varax, se continue dans la cour, sous le rocher ; la cour étant déclive, le canal finit par aboutir, à ciel ouvert, dans une fosse à purin.

Tous ceux qui ont étudié les acqueducs destinés à l'alimentation du Lyon gallo-romain, se sont trouvés d'accord pour admettre que celui de la Brévenne se soudait quelque part à l'acqueduc du Mont-d'Or. La plupart ont placé cette soudure sur ou proche le ter-

---

1. M. Pitrat.

2. Le ciment, à l'état sec, est légèrement rose.

3. Le canal, auquel conduit un escalier moderne, sert à emmagasiner les légumes pendant l'hiver. Le propriétaire actuel, M. Gaspard Humbert, pour se garantir contre les eaux venant de la coupure derrière l'escalier, a été obligé d'en exhausser le sol.

ritoire de Limonest. Il est regrettable que les uns et les autres n'aient point consulté les gens du pays ; on leur aurait montré, il y a moins d'un siècle, la seconde branche dont nous parlons, laquelle passe en souterrain à une centaine de mètres en deçà du sommet appelé aujourd'hui les Croizettes, s'en allant par le haut de Salcy, le milieu des Planchettes, dans la direction du Mont-d'Or. Dans la partie entre la route nationale actuelle et le chemin des Granges, la seule vue et explorée par notre témoin [1], la hauteur du canal était suffisante pour qu'un homme de taille ordinaire puisse s'y tenir à l'aise et y circuler.

On objectera peut-être qu'il s'agissait d'un déversoir. Nous répondrons que le lac de Jouë est à moins de 400 mètres en amont, avec un niveau bien inférieur au point de bifurcation, où qu'il soit : le lac était donc un réservoir tout indiqué pour recevoir le trop-plein ; que l'acqueduc, suivant en ce lieu le bord méridional de l'étroit plateau, la colline de Rosières était, à défaut du lac, toute désignée pour cette destination. Notre conviction est qu'au territoire même du Mur, non loin des restes visibles de l'acqueduc, celui-ci se divisait en deux branches, contournant le mamelon des Croizettes d'aujourd'hui, l'une au midi, l'autre au nord. Nul doute pour celle du midi, puisqu'on la retrouve de place en place jusqu'à la Puizetière ; quant à la seconde, nous ne connaissons que la partie dont il a été parlé plus haut.

Tels sont les renseignements qui nous ont été fournis par les anciens du pays, dont quelques-uns

---

[1]. M. J.-M. Rozier, qui fut conseiller municipal durant plus de 40 ans, et adjoint pendant 25 ans.

ont vu de leurs yeux. Aux archéologues de chercher et de conclure, si c'est possible.

La Terre de la Croix. — Ce territoire comprenait non-seulement la propriété actuelle des Dames de Saint-Joseph, mais par extension quelques terres environnantes, et de l'autre côté de la route de Dardilly-Limonest, plus les maisons du côté nord de la Charrière. Au reste, si l'on excepte le côté sud, qui au sommet s'appelait la Ribaudière, et au fond, Larchet ou Jonchet, toutes les maisons existant à l'époque sont indiquées sur les terriers avec cette rubrique : Proche la Croix des Rameaux, pendant que le chemin venant du village est appelé Chemin du Château à la Croix des Rameaux. C'est là que se rendait la procession solennelle du dimanche des Palmes. Aujourd'hui, c'est la rue du... Loup. Demandez aux habitants pourquoi ?

La Croix des Rameaux fut rasée dans les jours malheureux de 1793. Le 10 avril 1811, le Conseil municipal prit la délibération suivante : « Désirant remplir les vœux et intentions de toute la commune sur le rétablissement de la croix, sur la place publique, lieu de la Charrière ; considérant que la croix est un signe de religion ; que d'un temps immémorial, il a existé une croix dans cette même place, avons pris la résolution suivante :

La croix sur la place publique sera rétablie sur les fondations de l'ancienne... un tailleur de pierres sera mandé dans la huitaine... il sera fait une souscription.... [1] ».

---

1. *Archives communales de la Tour.*

A peine rétablie, le propriétaire du domaine dit de la Croix, voulant ouvrir un portail du côté de la place, obtint du préfet du Rhône, un arrêté ordonnant le transfert de la Croix à six pieds du mur du sieur Rose. C'était la vouer à une destruction fatale, car la place étant déjà fort exiguë, elle allait en gêner la circulation. En effet, elle disparut en 1860 : dans l'agrandissement de la place, elle fut passée sous silence. Son souvenir est conservé par une petite croix en fer élevée sur le mur d'une propriété particulière.

Le plan géométral de 1778 indique quatre autres croix : l'une au treyve près le château : une seconde à la Croizette, à l'entrée du chemin du Jacquemet et de Lentilly : démolies en 1793, elles ne furent point rétablies : la troisième, à l'entrée du chemin de la Garde : démolie également, elle fut rétablie avec son socle primitif portant la date de 1689 ; la quatrième et principale sur la place extérieure du vingtain — le Plastre — à côté du vieux puits. Renversée comme les autres, elle fut replacée en 1811. C'est la seule existante sur le terrain communal.

CHAPITRE IX

« Le sous-sol de la Tour de Salvagny est entièrement d'origine ignée. Il se compose uniquement de
granite et de gneiss granulitique [1] ». En termes usuels,
disons un grès plus ou moins en décomposition. Le
sol arable, « essentiellemeut siliceux, pauvre en sels
calcaires, en argile et en acide phosphorique, sablon-
neux, assez riche en humus et aussi en azote, est
aussi très suffisamment pourvu de potasse, provenant
de la décomposition des felsdpaths, du granit et du
gneiss granulitique [2] ». Il a peu de profondeur ; celle-ci
varie de 0,50 à 0,15 centimètres. En certains endroits,
le rocher de grès est presque à fleur de terre. Conséquence : les années de pluie au-dessous de la moyenne
sont désastreuses pour le pays, le soleil et le vent
ayant vite fait d'assécher le sol arable. C'est aussi à
ce peu de profondeur du sol qu'est due l'humidité
des maisons ; la terre est promptement saturée d'eau ;

---

1. J. Deville et L. Vignon. — Carte agronomique de la Tour
de Salvagny.
2. *Ibidem.*

alors celle-ci ne pouvant entrer dans le grès, remonte par les murs qui sont bientôt salpêtrés.

Actuellement les prairies occupent 246 hectares sur 842, superficie totale de la commune. Dans les temps anciens et jusqu'aux environs de 1820, elles n'existaient que sur les bords des trois ruisseaux, la Grande Rivière, la Marcruère et le Maligneu, les petits vallons de Saley, Rosières et les Planchettes. Mauvais prés, pleins d'ajoncs ; encore en mêlait-on le foin avec de la paille hâchée avant de le donner au bétail. Celui-ci, le plus souvent, c'est-à-dire presque en tout temps, était conduit dans les bois, les broussailles et ce qui, dans les vieux papiers revient sous ce nom : hermages. Jusqu'à cette époque, l'élevage fut peu ou point pratiqué : en dehors des chevaux de la poste, une vingtaine chez les particuliers ; en revanche. beaucoup d'ânes. Deux fois par semaine, les bonnes femmes se rendaient au marché de Lyon. le petit âne portant le beurre, les fromages, les œufs et les fruits, selon la saison : le chargement ne pouvait être bien considérable. Comme les horloges étaient rares, le marguillier ces jours-là, avait la consigne de sonner l'Angelus plus matin que d'habitude, et les commères réunies prenaient la vieille route. la via francisca du Xe siècle. ou la nouvelle — après 1730 — selon leurs préférences, devisant ensemble pour abréger la distance.

A partir de 1820, les habitants commencèrent à sortir de leur routine ; une quantité de petits tènements boisés furent défrichés, mis en prairies ou en terres ; les anciens prés furent assainis, et le pays de suite trouva un plus grand bien-être. Inutile de dire en longs termes qu'actuellement la principale récolte consiste dans le foin, qui trouve un facile débouché sur la place de Lyon, et que deux fois par jour, le lait s'en va par quantité notable au même lieu, fourni par plus de 150 vaches laitières.

Nous savons par les chartes précitées que la vigne fut toujours cultivée à Salvagny. La matrice du rôle pour la contribution foncière, en 1790, contient quarante-quatre fois la rubrique : vigne. Nous savons aussi pourquoi il est impossible de connaître qu'elle était la superficie totale, car trente-trois fois sur quarante-quatre, le tènement est ainsi mentionné : terre et vigne. Aujourd'hui les vignes couvrent environ 30 hectares. Est-il téméraire de penser qu'à l'époque dont nous parlons, la quantité était au moins égale, sinon supérieure? Les anciens affirment qu'elle était supérieure.

Les Limites Occidentales

Avant 1800, les limites entre la Tour et Lentilly n'étaient pas déterminées officiellement. A cette époque, point de maison habitée après le Jacquemet jusqu'au Lac, et même plus loin ; point non plus sur le plateau de Pleine-Serve, par conséquent, pas de naissance, pas de décès qui eussent nécessité une limite précise, pour savoir si le nouveau-né ou le défunt appartenait à la paroisse-mère ou à son annexe.

Quand vers 1806, une délimitation définitive fut établie, les habitants de la Tour se plaignirent qu'on avait injustement diminué l'étendue de leur territoire.

Une délibération du Conseil municipal confuse, embrouillée, nous apprend ceci : que les dîmes ont toujours été perçues à la Tour pour les terres situées au-delà des limites présentes ; qu'en 1790 il n'en fut pas tracé ; qu'il fut convenu que chacun paierait les impôts dans sa commune, quoique les fonds fussent placés dans les communes limitrophes ; qu'à l'époque où furent levés les plans des deux communes, le procès-verbal fut signé par M. Renard, adjoint de la Tour, peu lettré, connaissant mal les limites de la commune — limites officieuses ou de tolérance, autrement contradiction avec leur dire précédent — que l'adjoint ne s'était pas fait accompagner par des gens capables de l'éclairer ; qu'ensuite les ingénieurs-géomètres ayant pris un ruisseau pour un autre, avaient posé leur borne 100 mètres en deçà ; qu'enfin la ligne de démarcation avait été remontée sur la route nationale considérablement.

Les habitants de la Tour n'avait pas tort de réclamer, car voici ce qui s'était passé. Les experts chargés des opérations, après avoir tiré du nord au sud [1] une ligne coupant la route nationale à une centaine de mètres au-dessus du territoire présumé appartenant à la Tour ; après avoir fait aboutir cette ligne au ruisseau venant de la Leschère et du col du Charpenay, qui sépare les eaux de Lentilly de celle de la Tour, au lieu de la maintenir dans la même direction, pratiquant un angle d'environ 135 degrés, ils la firent ainsi descendre du nord-ouest au sud-est, côtoyant, par à peu près, ledit ruisseau jusqu'en face de Pra-Mutin, et là seulement, la ligne monta sur le plateau, qu'elle prend en écharpe jusqu'au point de limite avec Marcy.

---

1. On prit arbitrairement comme point de départ une « roche servant de borne pour séparer les justices et dîmeries de Lentilly et de Dommartin ». Elle est mentionnée en ces termes au Plan géométral de 1778.

Résultat pratique : vingt-huit tènements représentant environ deux cent trente bicherées se trouvèrent enlevés au territoire de la Tour. Ils appartenaient à dix-neuf propriétaires différents, dont trois seulement habitants de Lentilly.

Pour légitimer leur réclamation, les gen de la Tour disaient : nous avons deux titres irrécusables : le premier est l'état de section dans lequel ur · fraction du Bois-Seigneur appartenant à M. de Saint-Jean. résidant à Paris, est portée sur les rôles de la Tour. — Oui, mais ce sont les officiers municipaux de la Tour qui ont dressé le rôle. — Un deuxième titre est l'acte de vente d'une terre située au territoire du Lac, passé par devant notaire, ainsi qu'il est transcrit à la suite du présent... Le reste de la délibération manque au registre.

Les habitants de la Tour furent déboutés de leur réclamation ; il en résulta quelque animosité de commune à commune, qui se traduisit par de petites batailles entre jeunes gens, comme il arrivait si souvent autrefois. Même un poëte de Lentilly mit la chose en chanson ; malheureusement son œuvre n'est pas par venue jusqu'à nous.

La Propriété

Le mode d'acquisition que nous avons fait connaître eut pour résultat une grande division de la propriété, grande pour l'époque, car actuellement elle est encore davantage morcelée. La matrice cadastrale de 1790 donne neuf cent nonante-trois parcelles réparties entre cent neuf propriétaires : aujourd'hui, mille sept cent trente-sept parcelles et deux cent septante-une exploitations. Il ne faut pas oublier pour expliquer cette différence, le défrichement des parties encore boisées en 1790, l'accroissement de la population et la liberté de tester enlevée au père de famille.

Veut-on savoir l'estimation du revenu annuel, selon la nature du terrain cultivé ? La même matrice nous le fournit ; mais n'oublions pas que cette estimation a été faite pour servir de base à l'impôt sur le revenu. Elle serait sensiblement différente, s'il se fût agi d'une estimation pour établir un prix de vente, soit de la récolte, soit du terrain lui-même. L'unité de mesure est la bicherée lyonnaise de 1.293 mètres.

Les prés sont cotés pour un revenu variant de sept livres à dix livres ; les vignes depuis deux livres jusqu'à trois livres, le plus grand nombre à trois livres ; les terres de deux livres, cinq sous à trois livres ; les terres et cheneviers à deux livres, dix sous ; les bois taillis de trente-cinq sous à deux livres ; les bois de pins à trente-cinq sous ; les bois et pins à trente sous ; les bois et broussailles depuis cinq sous jusqu'à vingt-cinq sous : les bois et pacages à dix sous.

En 1818, encouragés par le gouvernement, les habitants eurent des velléités de cultiver le mûrier pour l'élève des vers à soie. Nous avons une lettre du maire de l'époque, à la date du 19 décembre, annonçant au Préfet du Rhône, qu'on attend les plants promis pour se mettre à l'œuvre [1]. Les résultats ne furent pas encourageants.

Vers la même époque, on comptait à la Tour quatre métiers à tisser la toile, cinq pour la soie unie, quatre

---

1. Copie de lettres de Jean Gonnard, maire de la Tour, de 1813 à 1837. — Ce fut un maire modèle, fort remarquable et bien au-dessus de ses contemporains, maires ruraux, maniant eux-mêmes

pour la mousseline, un pour le tulle. Total : 15. En 1833, dix métiers à tisser la soie [1]. Aujourd'hui néant ; et de même qu'on ne trouve plus un chenevier, il n'est plus un seul tisserand [2].

---

la charrue. Qu'on nous permette de citer trois lettres de lui, elles ont une certaine saveur.

1er octobre 1818. — Il a été fait une chasse aux loups, le..... dernier, et quoiqu'il n'ait été détruit qu'un seul *individu* de cette espèce, il n'en a paru aucun dans la commune depuis cette époque.

(Réponses à M. le Préfet : n° 19 du questionnaire.)

17 février 1827. — M. le Préfet, un habitant de ma commune ayant aperçu hier matin, dans la neige la trace d'un sanglier, s'est empressé de venir le dire au village ; alors quelques jeunes gens se sont armés les uns de fusils, les autres de fourches, se sont mis à sa poursuite, ils l'ont atteint dans un bois et sont parvenus à le tuer.

Leur joie a été d'autant plus vive que ces animaux sont rares dans nos environs, et elle sera à son comble, si vous daignez accepter la hure qu'ils se font un devoir et l'honneur de vous offrir. C'est de quoi vient vous prier celui qui est avec les sentiments les plus respectueux, M. le Préfet, etc.

24 avril 1832. — M. le Secrétaire-général, etc. La fête patronale de la commune de la Tour se célèbre annuellement le premier dimanche de mai. Après la messe il y a une course de chevaux et plus tard une danse sur la place publique, où il afflue toujours assez de monde des communes environnantes.

Cette fête doit-elle avoir lieu cette année ? L'opinion des habitants diffère à cet égard : les uns disent que d'après la calamité qui nous menace, il faudrait s'abstenir de ces divertissements ; les autres prétendent au contraire que la gaieté est un préservatif, et qu'il faut, comme à l'ordinaire se livrer au plaisir de recevoir sa famille, etc. Dans cette occurence, j'ai cru ne pas devoir la permettre, sans prendre votre avis, etc. — Dansa-t-on, ne dansa-t-on pas, le choléra ne vint point jusqu'à la Tour.

1. Copie de lettres déjà cité.

2. En 1858, on comptait à la Tour trois aubergistes, quatre cafetiers ou cabaretiers, deux boulangers, deux bouchers, deux tonneliers, deux maréchaux-ferrants, trois charrons. — Extrait d'une délibération du Conseil municipal refusant de concourir même pour 0,05 o/o à l'établissement d'un chemin de Vaise à Lozanne par la Brochetière, Dommartin — 31 mars 1858.

La Population

Le procès-verbal de visite canonique mentionné plus haut, à la date de 1660, déclare 150 communiants, soit environ 220 habitants. Un pouillé de 1743 porte 240 communiants, soit de 300 à 320 habitants ; d'après une note laissée par un ancien curé, sans indication d'origine, la population aurait été en 1802 de 389 habitants. En 1818, elle s'élève à 588 [1], à 599 en 1821 [2], à 603 en 1826 [3], En 1850, elle est de 655 : c'est le plus haut chiffre qu'elle ait atteint ; en 1868, elle n'était déjà plus que de 627, et aujourd'hui elle est descendue à 570.

Il est permis de faire un peu de statistique comparée, à condition de ne pas en abuser.

De 1708 à 1717, il y eut 102 naissances et seulement 32 décès, soit une moyenne annuelle de 10 2/10 pour les premières et de 3 2/10 pour les seconds. C'est de toutes les époques la plus faible en mortalité.

De 1732 à 1744, pour une population d'environ 320, la moyenne des naissances et de 8 1/2, soit une naissance par 37 habitants. Durant cette même

---

1. Copie de lettres déjà cité. — Tableau dressé par le maire, le 24 mai 1826, pour l'administration des Postes.

Le Bourg :	160 habitants	38 maisons.	
La Charrière :	309	—	78	—
La Pussetière :	69	—	12	—
Le Jacquemet :	49	—	8	—
Les Tuileries :	9	—	2	—
La Grange-Neuve :	7	—	1	—
	603		139

2. *Ibid.*

3. *Ibid.*

116

période, la moyenne de mortalité chez les enfants fut de 3 par an.

De 1770 à 1790, il y eut 294 naissances, soit une moyenne de 14 par an, et d'une par vingt-cinq habitants. Pendant la période correspondante du siècle suivant, de 1870 à 1890, les naissances sont au nombre de 199, ce qui produit une moyenne de 9 1/2, et une naissance par 60 habitants. On conçoit facilement que dans ces conditions, malgré une mortalité moindre de près d'une moitié [1] : le pays s'épuisant ne pourrait bientôt plus se suffire, s'il n'était maintenu par l'immigration. Une liste d'électeurs, la première prise au hasard, celle de 1896, nous apprend que sur 173 inscrits, 61 seulement sont originaires de la Tour. Les immigrants viennent un peu de tout pays ; cependant le Dauphiné fournit le plus fort contingent.

Quelques remarques sur la mortalité. Les années les plus meurtrières ont été :

1632 — époque où la peste sévissait encore à Lyon et dans les environs : 17 décès, sur probablement un peu moins de 200 habitants ; 1718 — 22 décès, dont 4 enfants du 12 au 29 avril, et 3 autres, les 3 frères, du 30 mai au 7 juin : 1747 — 23 décès, dont 15 au-dessous de 20 ans ; 1749 — 29 décès, dont 20 âgés de moins de 20 ans, 2 de 25 à 29 ans, 2 de 50 ans et

---

1. De 1770 à 1790, on compte 297 décès ; ce sont les années les plus meurtrières. Cela fait une moyenne de 14 par an. De 1870 à 1890 : 258 ; moyenne 12. Pourtant la population est double ; mais il ne faut pas oublier que dans le chiffre de 297, correspondant aux années allant de 1770 à 1790, se trouvent les nourrissons, dont le nombre ne peut être calculé exactement, faute de renseignements précis. Ajoutons que la plus forte natalité se présente de 1793 à 1803 : 163 naissances, une par 23 habitants.

3 vieillards ; 1761 — 16 décès, dont 11 enfants ;
1773 — 21 décès, dont 18 au-dessous de 9 ans, 3
dans la même famille ; 1781 — 20 décès, dont 9
enfants ; 1782 — 24 décès, dont 13 enfants ; 1784
— 18 décès, dont 11 enfants : 1785 — 35 décès, dont
20 au-dessous de 5 ans ; 1786 — 16 décès, dont 8
enfants au-dessous de 6 ans ; 1787 — 17 décès, dont
7 enfants au-dessous de 7 ans ; 1792 — 35 décès,
dont 21 enfants au-dessous de 10 ans, 11 ayant moins
d'un an ; 1803 — 15 décès, dont 11 enfants. L'année
1802 a donné 23 naissances.

A défaut des registres qui sont muets, même en
temps de calamité, ces dates et ces chiffres nous
prouvent que la peste, la fièvre typhoïde, la petite
vérole ont fait de nombreuses victimes à la Tour ; le
croup lui-même, maladie nouvelle point observée en
Europe avant 1760, doit avoir sévi durant les années
1785 et 1792. Ajoutons que beaucoup de Lyonnais
mettaient leurs enfants en nourrice à la Tour ; ce fut
pendant tout le xviiie siècle la principale industrie du
pays.

Durant les années 1715, 1716, 1752, il ne se produisit qu'un seul décès. En 1775, il y en eut trois
d'enfants, celui d'une centenaire, Antoinette Rivoire,
et pour relier ensemble les points extrêmes de la vie
humaine, celui du chirurgien Jean-Marie Polemard,
âgé de 42 ans.

CHAPITRE X

Il ne s'agit point ici de faire la comparaison entre les impôts d'autrefois et ceux d'aujourd'hui, chose trop facile sous certains rapports, trop difficile sous d'autres. Sans être certain d'atteindre l'exactitude pour les uns, on courrait le risque de tomber dans l'injustice pour les autres. Et puis, les services publics ont tellement accru en nombre et en étendue, l'Etat les ayant tous pris à son compte ou à peu près, il lui est impossible de diminuer les charges des citoyens : il peut les déplacer, les changer d'épaules, sa bonne volonté ne va pas plus loin, ni sa force non plus [1]. Mettez en présence ce que coûte un seul service, celui des armées de terre et de mer, avec ce

---

1. Sauf en un point : « Plus le domaine de l'Etat est étendu, plus il faut de fonctionnaires, de gendarmes et d'impôts ; chaque branche d'ingérence, nouvelle nécessité, un surcroît d'employés et de dépenses. Donc, économie d'autant, s'il est limité, et économie maxima, s'il est limité le plus possible ». — Taine : *Sa vie et sa corresp. III.* Appendice xviii, p. 336.

qu'il coûtait il y a cent ans ; les chiffres valent des raisons. L'énorme différence est la rançon du progrès scientifique qui a marché, pendant que la conscience morale est restée stationnaire. pour ne pas dire qu'elle a rétrogradé [1].

Au reste, dans les bouleversements qu'a subis la France, ce qui a le plus changé, ce ne sont ni les individus, ni les choses, mais les mots ou les noms. Cependant sur le point qui nous occupe, un vrai progrès a été réalisé, et c'est. je crois, Taine qui, avec une pointe d'ironie, a qualifié ce changement comme la chose la plus merveilleuse, la plus digne d'étonnement de tout ce qu'a produit la Révolution : Autrefois, le collecteur d'impôts se rendait chez le contribuable, qui souvent le recevait fort mal ; aujourd'hui c'est le contribuable, qui s'empresse, et pour cause, de porter ses termes échus chez M. le percepteur.

Il ne sera ici question que des impôts pour lesquels certaines particularités, sans être absolument spéciales au pays, ne se rencontrent pourtant pas dans toute la France de l'époque.

La Taille

Véritable impôt sur le revenu, calculé sur le produit de la propriété et du travail, on comprend qu'il était souvent arbitraire et vexatoire, d'autant plus que ceux chargés de fixer la quotité de chacun avaient le droit.

---

1. Soyons justes ! Les docteurs en droit, en lettres, en science, en médecine. etc. — *humaniores litteræ* — qui ont enlevé à des milliers de bons Français et bonnes Françaises le gîte et le pain, auraient pu les envoyer tout aussi bien à la guillotine, puisque pour eux, toute justice, tout droit, toute vérité dérive du nombre.

de perquisition. C'est pourquoi plus d'un de ces trésors qu'on retrouve inopinément, a jadis été caché pour le faire échapper aux regards des agents du fisc.

Le rôle de la taille étant fixé d'avance pour chaque paroisse ou communauté, il en résultait ceci, que plus il y avait de privilégiés dans la paroisse, plus la charge était lourde pour les autres, le même total étant réparti sur un moins grand nombre de têtes.

Les chanoines-comtes de Lyon, tels étaient les premiers privilégiés à la Tour : mais comme ils ne possédaient plus rien sur son territoire, sauf la rente noble, leur exemption de la taille pour leur domaine proprement dit, n'obérait en rien les laboureurs de la paroisse ; de même pour Lentilly, l'obéance mise en ferme, et c'était l'ordinaire, parce qu'alors le fermier payait la taille pour le revenu de la ferme. A différentes époques, en 1710, en 1778, etc., les chanoines font savoir par voie d'huissier, qu'ils exploiteront eux-mêmes, soit la rente noble séparément, soit celle-ci avec les terres leur appartenant ; en conséquence, ils avertissent de ne point les comprendre dans les rôles de la taille, en raison des privilèges dont ils ont le droit de jouir[1]. La rente noble non affermée exerçait donc seule une répercussion sur la communauté de la Tour.

En 1782, ses habitants eurent le désagrément de voir surgir un nouveau privilégié : ce ne devait pas être pour longtemps. Le 29 septembre, Mathieu Chazel fit publier par l'huissier Dupuis de Lyon, devant la porte de l'église de la Tour, à l'issue de la messe, qu'en vertu de ses lettres de noblesse, datées du 28 décem-

---

1. Armoire Jacob. — *Lentilly,* vol. 13 *ter.*

bre 1781, les consuls de la Tour, aient à supprimer de leurs rôles les tailles qu'avait payées ledit Chazel, seigneur de Villedieu, pour les prés, terres et bois situés dans la paroisse de la Tour, faisant partie du domaine de la Liègue, exploité par ses mains, valets et domestiques [1].

Signe des temps : Benoît Devaux, le premier luminier-consul, refusa de signer le certificat de publication. Même déclaration pour la veuve de Mathieu Chazel, le 21 juin 1786, même refus de la part du sieur Damez, le luminier-consul en exercice [2].

Les « bourgeois de Lyon » constituaient une autre catégorie de privilégiés. En donnant leur ville au roi de France, les Lyonnais se réservèrent certains privilèges, comme celui de se garder eux-même, excluant ainsi toute troupe royale de leur ville, et le bénéfice du droit dit italique. En vertu de ce droit, tout individu reconnu bourgeois de Lyon, était exempt de la taille personnelle d'abord, comme les gens de noblesse, et de tout impôt direct pour la maison de plaisance qu'il pouvait posséder à la campagne : également pour 24 arpents de superficie, qu'il lui était loisible de donner à son clos, et des trois quarts de la contribution foncière pour les terres qu'il faisait cultiver, autrement dit, valoir par lui-même. En plus, il était exempt des droits d'aide — aujourd'hui, on dit de régie — et d'octroi pour la vente et circulation des vins de sa récolte. Mais il était tenu de résider à Lyon durant sept mois de l'année [3].

---

1. Papiers de Villedieu. — Lettres de bourgeoisie et de noblesse militaire de Mathieu Chazel.
2. *Ibidem.*
3. *Ibidem.*

A la Tour, on peut compter quatre domaines ayant appartenu à des gens qualifiés bourgeois de Lyon : celui de la Croix, deux à la Puizetière, et le domaine de Six-Sols, pour un temps relativement court, car, en 1778, il appartenait déjà à un simple laboureur, Antoine Couzonnas, malgré qu'il eut cinquante-six bicherées contigues à la maison. L'un des deux domaines de la Puizetière ayant passé à la famille Lacroix de Laval, celle-ci dut cesser de payer l'unique quart que payaient les familles « bourgeoises de Lyon ».

La Dime

On a tout dit sur la dîme, le vrai et le faux[1]. Elle sert encore sur les affiches électorales d'épouvantail

---

1. Parmi les causes qui ont facilité la douloureuse expérience des Cent-Jours, il faut ranger la calomnie répandue à dessein contre les curés ; ceux-ci demandaient et allaient obtenir le rétablissement de la dîme. Les historiens ont généralement passé cela sous silence. Henry Houssaye — 1814 — y fait une allusion discrète et fort ambigue, en parlant de certains rapports de police relatifs à ces bruits. En 1822, ils reparaissent en même temps que les conspirations militaires, avec une telle persistance que les préfets prirent des mesures pour prémunir les populations contre d'aussi stupides mensonges. (Voir aux actes administratifs de l'année 1822, à la date du 3 mars, une circulaire de M. de Tournon, préfet du Rhône. Cette circulaire fut lue par le maire Gonnard, à la sortie de la messe du dimanche, ainsi qu'il en avertit le préfet par une lettre du 12 mars).

En 1870, le gouvernement fut moins généreux vis-à-vis des pauvres curés de campagne : il laissa la calomnie faire son œuvre, et l'on sait quelle calomnie ! alors que d'un mot il pouvait l'anéantir.

Dans l'ancien archiprêtré de l'Arbresle composé de vingt-sept paroisses et onze annexes, trois curés seulement avaient une part directe sur la dîme : le curé de Theizé pour le tiers ; celui du Bois-d'Oingt pour le cinquième, et celui des Olmes percevait la petite dîme.

au peuple crédule, comme le chiffon rouge devant le taureau. C'est pourquoi après avoir rappelé que dans l'obéance de Lentilly, comme dans tout le Lyonnais, elle était constituée par la treizième, nous passerions outre, si nous n'étions arrêtés par deux faits qui s'y rapportent et méritent d'être mentionnés.

En 1709, à partir du 6 janvier et durant dix-sept jours, la bize souffla si fort et si froide que les « essements de froment et seigle furent esteints dans les terres [1] », sans parler des autres effets désastreux sur la vigne et les arbres. Il n'y eut donc point de première récolte : en revanche, la deuxième, consistant surtout en blé noir, fut très-abondante. Or, la dîme n'était prélevée que sur la première récolte, jamais sur la seconde. La récolte de blé noir étant devenue la première, par suite de l'absence de l'autre, les chanoines engagèrent une procédure pour en obtenir le paiement. Aucun document jusqu'ici pour nous renseigner sur le résultat définitif, mais il y a apparence que les habitants durent payer [2].

Vers 1760, les chanoines rédigèrent un mémoire sur les points suivants :

1º Les habitants de Lentilly et la Tour prélèvent un certain droit qu'ils appellent entre eux : droit d'affanage [3], pour lequel droit ils prennent la dixième gerbe, en disant qu'elle n'est point sujette à la dîme,

2º En faisant les plongeons ou gerbiers, ils disposent au fond quatre gerbes en croix, pour lesquelles ils refusent également de payer la dîme, et ils

---

1. Registres paroissiaux de Dommartin et d'ailleurs.
2. Armoire Jacob. — *Lentilly et la Tour*. Vol. 8-9.
3. Affanage, affanure, paiement en nature de l'ouvrier moissonneur.

multiplient les plongeons dans la même terre, pour soustraire à la dîme un plus grand nombre de gerbes.

3° Si la terre est de peu d'étendue, ils arrivent toujours à n'avoir que dix-sept gerbes. Or, en déduisant une gerbe pour affanage, quatre pour la croix du plongeon, il ne reste plus que douze gerbes. Donc d'après eux, pas de dîme, puisque en Lyonnais, elle ne se paie que par la treizième. Au besoin, pour obtenir ce résultat, ils font des gerbes extrêmement fortes [1].

Telles sont les réclamations adressées par les chanoines-comtes de Lyon à l'autorité de la province. Le résultat en est inconnu. Toutefois il est permis d'avouer que nos laboureurs étaient aussi forts que les légistes de tout temps : que sans avoir pâli sur les codes, ils savaient, selon leur profit, distinguer entre la lettre et l'esprit d'une loi ou d'une coutume.

En cherchant à savoir qu'elle était la superficie totale plantée en vignes, à la Tour, on est arrêté par une difficulté insurmontable que voici : le plus souvent, quatre fois sur cinq, un petit fonds dont la mesure est donnée selon l'arpentage consigné au terrier, porte la mention : terre et vigne. On se demande pourquoi le même tènement n'était point tout vigne, et un autre tout terre à blé. N'est-ce point parce que cela facilitait le tour normand que jouaient les bons habitants aux chanoines et à leurs fermiers ?

Cens ou Censive et Servis, Lods et Milods

Nous savons comment les gens de la Tour sont devenus propriétaires ; rien ne les obligeait à accepter

---

1. Armoire Jacob. — *Lentilly et la Tour de Salvagny*.

les conditions du contrat, s'ils les jugeaient onéreuses. Les ayant acceptées, le devoir de l'honnêteté était de s'y conformer. Mais soyez donc honnête, quand la masse trouve son bénéfice à ne l'être pas, et surtout quand une loi faite pour la circonstance vous autorise à prendre impunément le bien d'autrui.

Les seigneurs de Lentilly avaient donc cédé aux habitants de la Tour leurs terres, à la condition qu'une redevance annuelle leur serait payée à perpétuité. L'argent diminuant chaque année de valeur, il arriva que la censive, dont le taux était invariable, représentait au xviiie siècle des sommes insignifiantes. En ce même siècle, nous avons vu l'emphytéose d'une terre de dix bicherées, avec le servis d'un sol tournois. Les propriétaires dans l'enclos du vingtain payaient en général une obole; ceux qui payaient un ou deux deniers étaient les heureux possesseurs d'une maison haute et basse.

Pour l'ordinaire, au cens en espèces, s'ajoute le cens en nature, selon les fruits de la terre, plus une redevance de basse-cour. Ainsi le bourgeois Jean Rose agrandit son domaine de la Croix en achetant des terres à Luc Renard, dit Smeraldy, Blaise Rivoyre, Thomas Grange, André Bouchard, Luc Delaval, seigneur de Dommartin [1], Antoine Fayard et Benoît Rivoyre. Naturellement, avec les terres, il prend les censives; elles sont : argent, dix sous cinq deniers ; grains : seigle, deux coupons et demi : avoine, treize boisseaux, quatre coupons ; orge, trois boisseaux,

---

1. Luc Delaval, contrôleur des guerres, devenu seigneur de Dommartin, par son mariage avec Octavie de Cantarelle. Dans les *Environs de Lyon*, M. Josse l'a confondu avec les Lacroix, seigneurs de Laval, Montchosson, etc. Rien de commun entre eux.

six coupons. Basse-cour : géline, un tiers, un huitième, un douzième ; lapin, un vingt-quatrième[1]. Pour le droit de pigeonnier, la redevance est plus forte : « trois paires de pingeons — deux pingeons en vie et recevables[2] ».

Le droit le plus lucratif pour le seigneur, le plus onéreux pour le laboureur, était celui de lods et milods, prélevé sur le prix de vente des propriétés grevées de cens. Il s'élevait quelquefois jusqu'à la moitié. Dans la Seigneurie de Lentilly, nous l'avons vu, il était du sixième denier pour le lod, et du douzième pour le demi-lod, au total, un quart[3]. C'était énorme. Malgré cela, ce droit parut supportable, le seigneur qui en jouissait garantissant le propriétaire, jusqu'à l'époque où l'Etat substitua sa garantie, en obligeant les notaires à faire enregistrer leurs actes. A partir de ce moment, les lods et ventes ne paraissent plus qu'un droit pécuniaire aggravé par celui que perçoit l'Etat.

Il n'y a pas lieu d'être surpris quand on se trouve en face d'un procès engagé, sur les rentes nobles et censives, entre différents seigneurs ou propriétaires, Leur principal défaut, c'est d'être interminables.

Exemple : « Les dames prieure et religieuses du couvent des Deux-Rieux » assignent devant le juge de Lentilly, Floris Brun, laboureur de la Tour, pour refus de leur payer les servis, lod et milod sur une terre et un pré que celui-ci possède au territoire du Botton. L'assignation est du 16 novembre 1605.

---

1. Voir les terriers et lièves de la rente noble de la Tour.
2. *Ibidem.*
3. Dans la seigneurie voisine de Villedieu, le lod était du cinquième denier.

Le jugement de Lentilly est du 17 mars 1606. Appel de la part de Floris Brun, qui est de nouveau condamné sur le fond, ainsi qu'aux frais, le 24 mars 1610.

Nouvel appel et nouvel arrêt confirmant les autres, le 28 juin 1614. Ainsi le procès dura près de neuf ans [1].

Peu après, le prieuré de Dorieux supprimé fut, comme on disait alors, uni au couvent de Sainte-Marie de l'Anticaille, c'est-à-dire que ses biens furent attribués aux Dames de la Visitation. Celles-ci les vendirent, nous ne savons à quelle date, à messire Daniel de Gangnières, seigneur de Belmont [2], lequel revendit à son tour toutes les rentes nobles que possédait l'ancien prieuré sur les paroisses de la Tour de Salvagny, Dommartin et Dardilly, à « noble Claude Pecoil, bourgeois de Lyon », moyennant la somme de cinq cent cinquante livres. Le contrat est du 27 avril 1656. Le reste des biens fut vendu le 22 mai suivant à Jacques Guignard, vicomte de Saint-Priest [3].

Plus tard, sur une action en rescision intentée par les Dames de l'Anticaille, appuyée nous ne savons

---

1. Papiers de Villedieu.

2. Daniel de Gangnières, sieur de Fresnay, baron de Balmont, conseiller du Roi, son maître-d'hôtel ordinaire, maréchal de bataille en ses camps et armées, son lieutenant au gouvernement de la citadelle de Turin, lieutenant de l'artillerie de France, etc.

3. Jacques de Guignard, chevalier, seigneur de Bellevue, vicomte de Saint-Priest, conseiller du Roi en tous ses conseils d'Etat et privé, président au Parlement de Metz — Papiers de Villedieu. — Lire dans *Les Souvenirs de la baronne de Montet*, une série d'anecdoctes sur cette famille, notamment sur l'ambassadeur et pair de France, qui vécut dans l'intimité de Louis XVIII. Il avait fait peindre son nom de Guignard en immenses lettres au fronton de son château de Saint-Priest et numéroter toutes les chambres comme dans une hôtellerie ou un monastère. Il n'avait pourtant pas prévu que son château deviendrait un séminaire.

128

sur quelles raisons, une sentence du juge annula
tous ces contrats. Moyennant une restitution de trois
mille trois cents livres à la dame Françoise Maridat,
veuve de Jacques Guignard de Saint-Priest, le monastère de l'Anticaille rentra en possession de tous les
biens du prieuré de Dorieux, et Claude Pécoil, écuyer,
seigneur de Villedieu, prévôt des marchands de la
ville de Lyon, pour conserver les rentes nobles de la
Tour, Dardilly et Dommartin, achetées par son père,
un peu après 1650, dut verser un supplément de trois
cents livres aux Dames religieuses. Cette transaction
est du 16 mai 1685 [1].

Autre exemple : En 1758, la dame Catherine Grangé,
déjà propriétaire du Paillet, avait acheté aux de Cossé-
Brissac-Pécoil, la terre de Villedieu avec ses dépendances, puis l'avait donnée à Bernadine Dumolin de
Trezangle, fille de son mari, Pierre Dumolin, ancien
commissaire-enquêteur, quand celle-ci épousa le sieur
Mathieu Chazel, le 6 juillet 1766. Parmi les dépendances et droits de la seigneurie de Villedieu, se
trouvaient les rentes nobles provenant, comme nous
l'avons vu plus haut, du monastère de Deux-Rieux.

Antoine Merle et Benoît Merle, son oncle, possédaient un petit bien grevé de ces rentes ; ce bien est
ainsi désigné : maisons, cour, écurie, suel, jardin,
pré, vigne et terre contigus, contenant en tout vingt
bicherées trois quarts, situés sur la paroisse de la
Tour de Salvagny, territoire de Chantepetit et de Botton, vers le hameau de la Puzetière, joignant le che-

---

1. La dame Guignard de Saint-Priest n'ayant pu restituer les
titres et terriers du prieuré de Deux-Rieux, fut taxée de ce chef à
deux mille livres. — Papiers de Villedieu : Transaction entre les
Dames de Sainte-Marie de l'Anticaille, Mme Guignard et Me Pécoil.

min de la Tour à Brindas, d'orient; les prés et terres
du sieur Rose, et la terre du nommé Tabard, dit l'Allemand, qui fut d'Antoine Giraud, qui fut de Barthélemy Dodat, une haie et balme entre deux appartenant au dit Antoine Merle, de midi; le pré appelé du
Colombier au même, qui fut de son auteur, d'occident; et encore d'occident, inclinant au septentrion,
le pré de M. de la Roquette, qui fut de messire Pierre
de Sêve, mouvant de la directe des seigneurs-comtes
de Lyon, d'occident. et par un coin de deux pas, de
midi; le pré de Pierre Bost, aussi d'occident, et après
de septentrion, et les terres et pâturages d'André Perret dit le Mineur, qui furent d'André Perret, dit Giraud,
de septentrion; ... sous l'annuel et perpétuel cens et
servis de seize deniers viennois, portant lods, milods,
etc.

Antoine et Benoît Merle ne se mettant guère en
peine d'acquitter les charges afférentes à leur propriété,
Mathieu Chazel les assigna dès la fin de l'année 1772.
Condamnés une première et une seconde fois, ils en
appelèrent à la sénéchaussée de Lyon, qui les con-
damna également, le 27 juin 1778. Ils portèrent le
différend au Parlement de Paris, et en 1780, ils attendaient encore la décision de la Cour suprême, lorsque
les deux parties se résolurent à une transaction [1].
Mathieu Chazel donna quittance aux sieurs Merle,
moyennant la somme de quatre cent soixante livres,

---

[1]. Le besoin d'argent, voilà le motif pour lequel Mathieu
Chazel transigeait. Il était, depuis 1776, en procès avec la dame
Grangé, devenue veuve du sieur Dumolin, laquelle avait repudié sa
donation. Un arrêt du Parlement, en date du 6 juillet 1784, déclara la donation révoquée, avec restitution des fruits, renvoya
les parties devant la sénéchaussée de Villefranche, pour l'établissement de ces fruits. En 1788, les deux veuves, Mathieu Chazel

plus la prise à leur charge de tous les dépens faits en la sénéchaussée de Lyon et au Parlement de Paris, jusqu'à concurrence de trois cent quatre-vingts livres, non compris les frais d'expertises, de cartes et de plans. Le procès, sans être terminé, avait donc duré près de huit ans [1].

Le pré de la Butte dont nous avons déjà parlé, faisait aussi partie de la rente noble de Dorieux, acquise par les Pécoil. En 1701, les officiers du roi réclamèrent aux luminiers de la Tour quatre-vingts livres pour droits de lods et milods, prétendant que le pré est de franc-alleu, par conséquent de la censive du roi, selon le principe : Nulle terre sans seigneur. A ces quatre-vingts livres, viennent s'ajouter deux livres dix-huit sols, quatre deniers, pour le droit de nouvel acquis, plus seize livres, à cause d'une rente au capital de cent livres, constituée par dons et legs de Jean Delaroche et son épouse, à la date du 21 avril 1699 ; et encore trois sols, sept deniers, pour droits de nouvel acquis, soit un total de quatre-vingt-dix-neuf livres, quatre sols, trois deniers [2].

étant mort en 1780, s'accordèrent enfin, au moyen d'une rente de mille livres, dont Catherine Grangé voulut bien se contenter. Mais il fallut vendre bien des terres pour acquitter les frais d'un si long procès.

1. *Archives de Villedieu*. — Transaction, portant nouvelle reconnaissance, entre M. Chazel de Villedieu, et Antoine Merle, du 1er février 1780. — Les possesseurs connus de ce petit domaine, antérieurs à la famille Merle, d'après les terriers furent : en 1382, André Puzet, Elizabeth Duchemin, femme de Pierre Brunier ; Pierre Puzet et son neveu, Jean Puzet, dit Chevalier ; en 1482, Etienne de Juys ; en 1510, Jean Blanchon ; en 1584, Antoine et Jean Merle ; en 1709, Antoine Merle.

Si l'on ne trouvait pas dans nombre d'anciens contrats la Puizetière et la Puizatière, on serait tenté de faire dériver le nom du hameau des susdits Puzet. Qui sait ?

2. *Archives paroissiales de la Tour.*

Que vont faire les luminiers ? Ils commencent par payer, afin d'éviter les frais de poursuite, disent-ils, dans une supplique à Monseigneur Guyet, intendant de la généralité de Lyon [1], par payer jusqu'à concurrence de soixante-quatre livres, « qui est au-delà de ce que les suppliants doivent payer » par la raison que les fonds de nouvelle acquisition ne sont point allodiaux, ni de la rente du roi, le pré Perret relevant de la rente noble de messsire Claude Pécoil, seigneur de Villedieu, ancien Prévôt des Marchands de la ville de Lyon, et le fonds nouvellement acquis en indivis par messire Chauvon et la luminaire étant mouvant de la rente des seigneurs-comtes de Lyon.

Comme preuves, ils apportent deux quittances, l'une du 28 août 1699, délivrée par le sieur Jean Vincent, fermier de l'obéance de Lentilly, lequel « fait gratis » aux curé et luminiers de la Tour, du milod d'un pré qu'ils ont acquis l'année présente. L'autre du 20 novembre 1700, délivrée à Fayard, marguillier « moderne », par le sieur Permet, agent de messire Pécoil, reconnaissant avoir reçu la somme de huit livres pour les milods du fonds donné à la luminaire de la Tour par feu Antoine Perret, lequel fonds est un petit pré situé au territoire de la Butte, dépendant de la rente noble de Villedieu, sans préjudice des servis qui lui sont dûs sur le même fonds. Ils ajoutent avec raison que sur ce pré existe une pension de cinquante sols au profit du curé, qui diminue en proportion la valeur du fonds.

---

1. Guyet, chevalier, seigneur de Saint-Germain-du-Plain, conseiller du roi, maître de son hôtel, intendant de justice, police et finances en la Généralité de Lyon.

En réalité, il importait peu aux luminiers et habitants de payer à celui-ci ou à celui-là, au roi, au sieur Pécoil, ou aux chanoines-comtes, pourvu qu'ils ne payassent pas deux fois ; comme le vrai seigneur saurait bien se faire rembourser par qui toucherait indûment — en pays de droit écrit, nul seigneur sans titre — les suppliants, madrés paysans tournant la difficulté à leur profit, conclurent leur supplique en ces termes : « Plaise à Monseigneur que la taxe faite sur les suppliants sera modérée à la somme de soixante-quatre livres qu'ils ont payée ».

Supposant leur demande exaucée, ils réclament en vrais tape-dur, une amende de mille livres et des dommages-intérêts contre ceux qui tenteraient de les instrumenter à ce sujet [1]. Nous ignorons dans quelle mesure il fut fait droit à leur réclamation.

Encore un mot sur les censives. Que les exemptions de la taille et même de toutes sortes en fait d'impôt soient abolies, rien de plus juste ; que les dîmes soient supprimées, même sans compensation, selon la proposition du clergé lui-même, cela se comprend encore, l'Etat prenant à son compte les charges correspondantes : le culte [2], l'instruction publique et les œuvres de bienfaisance ; mais l'abolition des censives sans le rachat, c'était un vol. En effet, tel propriétaire avait aliéné tous ses domaines par des baux perpétuels, tels que nous les connaissons, ne gardant que son château, son jardin et un parc qui ne rapportaient rien, n'ayant plus d'autres revenus que les censives. C'était tellement un vol qu'au début on promit une loi qui dédommagerait les propriétaires primitifs.

---

1. *Archives paroissiales de la Tour*.
2. Sous la réserve d'une entente avec le chef de l'Eglise.

Mais la tempête emporta la loi, consomma l'iniquité et comme ce n'était pas seulement l'abolition des impôts anciens, ni le paiement des dettes de l'Etat qu'avait en vue une foule de robins, d'hommes de loi sans emploi, sans ressources, ayant beaucoup de passions à satisfaire, on prit tout, on dépouilla l'église et ensuite la noblesse, au nom de la loi, que ces mêmes individus avaient le pouvoir de fabriquer.

Mais tout se paie, et la France qui a permis cela a payé cher. Tout se paie, même nos erreurs involontaires ; à plus forte raison, celles qui sont coupables. Ecoutons les paroles autorisées d'un historien ; la citation est longue, mais aussi instructive et toute d'actualité.

« La France, et chacun des Français a traversé toutes les misères, subi toutes les angoisses, éprouvé toutes les terreurs, maximum, réquisitions, les fusillades, la guillotine, et en ce temps où l'horreur d'être soldat était presque universelle, tout le monde soldat sous peine de mort ».

« Le paysan a tout supporté, tout enduré pour garder la terre qu'il avait prise, bien de nobles et bien de prêtres. Pour cela, il a donné ses fils, il a même donné de son argent. Il a, sauf en des provinces, renié pour cela sa religion, son roi, sa langue, sa coutume. Il a pour cela passé sur les tyrannies qui lui sont les pires, celles qui pénètrent en sa maison et sa vie, comptent ses sous, pèsent ses sacs, nombrent ses bêtes ; il a souffert l'inquisition achevée, qu'on lui prît tout ce qui était de récolte, pourvu que le fonds lui restât ».

« Ses fils, au paysan, ont plus encore souffert et trimé. En combien d'hôpitaux, de cimetières, de landes désertes, de bois noirs, de ravins neigeux, en a-t-on couché de ces gars de France ?... »

« Le bourgeois, non celui de Paris, mais celui des villes de province, surtout des petites, presque rurales.... C'est lui, le plus souvent, qui a acheté les grandes terres, les châteaux, les abbayes, pour les dépecer ensuite aux paysans, garder la meilleure part, et l'avoir pour rien... De là sa joie de la paix qui lui garantit son bien. De là, un vif enthousiasme pour Bonaparte tant que Bonaparte ne lui demandera pas ses fils pour l'armée. Cela, il ne l'admet point, il n'a point fait des enfants pour cela : il ne s'est point enrichi pour qu'ils prennent ce métier de meurt-de-faim. Il consent à payer, il fournit en rechignant déjà un remplaçant, mais la conscription, le service obligatoire, le service personnel, quelle horreur ! Tout plutôt que cela ! [1] »

Est-il plus saisissante morale en action ? Quel vif commentaire de la parole de Taine : la Révolution française a été un immense attentat contre les personnes et les propriétés des citoyens, et l'Empire contre les personnes et les propriétés des étrangers [2].

En 1790, les habitants de la Tour estimèrent le rendement annuel de leurs terres, pour obéir à la loi de l'impôt sur le revenu foncier. Le total atteignit quinze mille trois cent quatre-vingt livres, treize sous, et rectifié, quinze mille quatre cent soixante-quatre

---

1. Frédéric Masson. — *Napoléon et sa Famille*, t. II, chapitre IX. *La Paix d'Amiens*, pp. 69-75. Il fallut pourtant en passer par là. Après la rupture, c'est-à-dire de 1805 à 1813, le Sénat vota les levées pour 2.103.000 hommes.

2. V. Giraud. — *Essai sur Taine*. — App. II. Notes inédites et fragments.

livres; la part contributive de la commune fut fixée à trois mille deux cents livres, seize sous, un denier [1].

Les habitants trouvèrent la pilule bien amère; aussi en est-il resté quelque souvenir, car les doyens du pays racontent encore aujourd'hui que leurs pères avaient regretté l'ancien état de choses, parce qu'ils s'en tiraient à meilleur compte.

1. *Archives communales de la Tour de Salvagny.* — Extrait de la « Matrice du Rôle pour la contribution foncière, pour fixer la somme à supporter en 1791, sur le territoire de notre commune ».

CHAPITRE XI

Qu'on ne s'attende pas à lire le récit d'une grande bataille, ni les hauts faits de quelque soldat illustre. Chose étrange, en ce pays qui voyait si souvent passer des troupes en marche, on ne trouverait pas trois engagés volontaires en cent cinquante ans. A quoi cela pouvait-il tenir? Le laboureur de la Tour aimait par-dessus tout sa terre ; sans ambition, il vivait heureux et tranquille. Et puis, à rebours des pays tenant garnison, où le soldat apparaît dans la splendeur des revues, il ne le voyait que faisant l'étape, fatigué, sous un aspect propre à inspirer la pitié. Le drapeau lui-même, caché dans sa gaîne, ne disait rien à ses yeux, rien à son cœur.

Alors quoi donc? Simplement recueillir les menus faits éparpillés un peu partout, les rassembler, pour que d'une part ils soient connus, et d'autre part qu'ils soient un hommage à ce coin de terre, malgré la petite place qu'il occupe dans l'histoire.

Le plan géométral, dont nous avons si souvent parlé, donnant le tracé des anciens acqueducs sur le territoire appelé aujourd'hui le Creux du Lac, l'accompagne de cette mention : Restes des arcs des Sarrazins. Que peut signifier cette appellation? Les habitants auraient-ils, par une interruption totale de la tradition, attribué aux Sarrazins ce qui était l'œuvre des Romano-Gaulois ? On a peine à le croire. Les Sarrazins auraient-ils travaillé à démolir l'acqueduc, livré bataille et campé longtemps aux alentours? On ne sait que penser, surtout si l'on se rappelle que d'autres constructions romaines en ruines sont également dites : des Sarrazins, des Sarrazinières.

Quoiqu'il en soit, les Sarrazins ont passé par là, et là où ils passaient, ils laissaient de douloureuses traces.

Durant la période la plus tourmentée du moyen-âge, Salvagny dut subir les mêmes épreuves que tout le reste de la contrée, et là où avaient passé les Sarrazins, passèrent aussi les Anglais, les Bourguignons, les Routiers, les Tards-Venus. Mais point d'annaliste pour nous renseigner sur les misères locales.

En 1359, la ville de Lyon dut courir quelque danger, car le 9 juin, le Chapitre ordonna à tous ses chatelains d'amener à Lyon un certain nombre d'hommes d'armes bien équipés. Lentilly et Salvagny durent en fournir six [1].

Donnons un souvenir au fameux chef de bandes. l'un des vainqueurs de Brignais, Séguin de Badefol qui, en 1364, prit d'assaut le château d'Anse, la plus forte citadelle du Chapitre de Lyon. Durant dix mois, il ravagea le pays. Salvagny était trop proche pour ne pas recevoir la visite de ses soldats, d'autant plus

---

1. G. Guigue. — Tards-Venus.

138

que l'Arbresle était aussi tombé en son pouvoir. Le château d'Anse fut repris par un mulet chargé de quarante mille petits florins d'or — environ trente-deux mille francs. — Les habitants de Lentilly et Salvagny versèrent pour leur part « XX francs [1] ».

Il a été parlé de la Butte, à propos d'un pré de la luminaire situé en cet endroit. D'où vient ce nom ? Nous lisons dans un auteur bien connu : « Charles V, le 3 avril 1369, enjoint à ses sujets de s'exercer au tir de l'arc et de l'arbalète, de choisir des emplacements convenables pour les exercices, de décerner des prix aux plus habiles... Le premier soin des sergents-royaux et autres agents inférieurs, chargés de faire observer cette ordonnance dans les campagnes, fut de trouver un terrain commode. A cet effet, on choisit dans chaque localité un endroit à surface unie, généralement en pente, où l'on plaça au point le plus élevé, au besoin sur un tertre artificiel, le but des tireurs, ce que nous appelons aujourd'hui la cible.

La destination de cet endroit lui fit donner presque partout le nom de butte, qui n'a pris, à une époque plus récente, l'acceptation de hauteur en général, que par une extension du sens facile à deviner [2] ». Or, le pré en question, réunissant admirablement les conditions ci-dessus, pourrait donc bien tirer son nom de son ancienne destination.

Il nous faut franchir plusieurs siècles, et arriver à l'institution des milices si exécrées du peuple qui, cinquante ans plus tard, de gré ou de force, donnera

---

1. G. Guigue. — Tards-Venus. — Extrait des comptes de Pierre Morestin, pour la reddition du château d'Anse.

2. Siméon Luce. — *La France au XIV et XVe siècle. Les Jeux Populaires.*

tous ses fils au Moloch de la guerre. Le contingent fourni par Lentilly et la Tour se composait d'un seul homme, désigné par voie de tirage au sort. En 1747, ce milicien, orginaire de la Tour, nommé Jean-Benoît Beau, incorporé au 1er régiment de la milice de Tarare [1], tomba malade à Thionville et mourut dans l'hôpital de cette ville, après avoir testé en faveur de son frère aîné, auquel il laissait une obligation de trois cents livres. Testament reçu et transmis par le P. Timothée, capucin-aumônier de l'hôpital de Thionville [2].

Durant le siège de Lyon — août-octobre 1793 — le général Rivaz, qui commandait le camp de Limonest, prit des précautions pour empêcher le ravitaillement des assiégés. Afin de mieux surveiller la route du Bourbonnais, il détacha à la Tour un bataillon formé du contingent du district de Roanne. En plus, il fit construire une redoute, que les historiens placent à Salvagny [3], alors qu'elle était située à 1700 mètres de là, sur le territoire de Dardilly, au sommet de la pente commençant au pont de la Marcruère, et circonscrite par l'ancienne route au N.-E., au Midi par la nouvelle grande route, et à l'Est, par le chemin de Dardilly, ou de la Brochetière à la Beffe, qui les relie l'une à l'autre.

Le 6 septembre, la redoute fut attaquée dans les circonstances suivantes. On accusait le général Précy

---

1. Mathieu Chazel, plus tard seigneur de Villedieu, était alors lieutenant dans ce même régiment.

2. *Archives communales.* — Reg. bap.

3. Balleydier. — *Histoire du siège de Lyon.* — R. Bittard des Portes. — *L'Insurrection de Lyon en 1793*, etc., 1906. — Le récit du combat qu'on va lire est un résumé de ce dernier auteur.

d'immobiliser les défenseurs de Lyon derrière les remparts, et parmi ceux qui murmuraient le plus haut, se trouvait le marquis de Savaron, réclamant une sortie. Précy l'accorda, mais, dit-on, à contre-cœur. Une colonne composée de cinq cents fantassins, quatre-vingts cavaliers et quelques canonniers, quitta Saint-Irénée, traversa Ecully, et par les Flachères, atteignit la nouvelle route, qu'elle suivit sans rencontrer aucun obstacle. — 6 septembre.

L'avant-garde, fière d'être arrivée devant la redoute avant d'avoir été aperçue, au lieu d'attendre le gros de la troupe, procède étourdiment à l'attaque. Savaron, qui suivait de près, et devait, avec une compagnie de vétérans, contourner la redoute, pour prendre à revers ses défenseurs, se met aussi à attaquer de front. Quelques décharges d'artillerie ont bientôt semé le désordre dans ses rangs, quand apparaît Précy, qui, d'un coup d'œil, juge l'affaire manquée, rallie son monde, et prend toutes les mesures pour s'assurer la retraite. En cela, il fut fortement aidé par le colonel de Vichy, dont les cavaliers se dédommagèrent d'avoir été immobilisés au milieu des fantassins, pendant le peu de temps que dura l'action contre la redoute. Les défenseurs de celle-ci ayant quitté leurs retranchements pour gêner la retraite des Lyonnais, les quatre-vingts cavaliers de Vichy exécutèrent deux brillantes charges qui permirent à Précy d'emmener sa colonne sans nouvelles pertes [1].

---

1. Le rapport lyonnais signale un seul tué et quelques blessés. Mais on ne peut se fier aux rapports des deux partis en présence ; ils renferment de telles erreurs, au point de vue topographique, qu'on se prend à douter sur le reste. Ainsi, ces rapports font dominer la redoute par la tour du village de Salvagny ; placent

Dans ce combat, fut tué d'un boulet de canon Pierre Gardette, âgé de 24 ans, de Montagny, fils de Barthélemy et de Benoîte Rivière. Le citoyen Bouteille, officier public, se transporta sur le champ de bataille, pour constater le décès, en présence de Benoît Déchelette, de Montagny, adjudant du bataillon, Claude Vibert, de Pérreux, et Jean-Marie Rivière, de Montagny [1].

Au sujet de ce même combat, les anciens racontent l'anecdote suivante : le sieur Blain, propriétaire à la Beffe, bêchait dans son jardin, lorsqu'un boulet touchant une pointe de son tricorne, le lui fit tourner sur la tête. Sans s'émouvoir, le chapeau remis en place, il continua son travail.

La redoute ne fut point rasée, le siège de Lyon une fois levé ; les habitants venaient jeter dans les fossés leurs bêtes mortes, ce qui attirait les loups, nombreux encore dans les bois voisins [2].

Le décès de trois soldats nous fournit quelques noms bons à conserver.

cette même redoute à plus de deux lieues du camp de Limonest ; le village de Charbonnières à une lieue et demie de la redoute et le Puy d'Or à côté de ce village, alors que le Puy d'Or, situé sur le territoire de Limonest est séparé de Charbonnières par Dardilly, dans toute sa largeur ; qu'en faisant une lieue et demie, à partir de la redoute, on a déjà atteint, sinon dépassé les Trois-Renards ; que de Marcourant, là où se trouvait la redoute, jusqu'à Limonest, on compte tout au plus cinq kilomètres ; enfin, que la tour-église, séparée de la redoute par deux petits vallons, et distante de 1700 mètres, vue la portée des canons de l'époque, n'avait aucune influence sur le champ du combat.

Nous croyons que la redoute prit et garda officiellement le nom de Salvagny, parce que le bataillon, qui fournissait ses défenseurs, était cantonné dans notre village. De là la cause, en même temps que l'excuse, de quelques-unes des erreurs commises par les historiens du siège de Lyon.

1. *Archives municipales.* — Registres de l'Etat civil.

2. Souvenirs transmis par les anciens de la Tour.

1º Le 1er septembre, Roland Suré, de Pouilly-les-Nonains, meurt dans la maison de la veuve Seriziat, lieu de la Charrière. Témoins : Noël-Marc Guyot, capitaine de la 8e compagnie, commandant le poste de la Tour de Salvagny, Jean-Marie Patet, caporal et Barthélemy Côte, soldat ;

2º Le 6 octobre, Pierre Deville, sergent, natif de Briennon, âgé de 26 ans, décédé au domicile du citoyen Ribollet, aubergiste. Témoins : Guillaume Poyet, lieutenant à la même compagnie, Claude Chapuis, caporal, et Louis Tissier, volontaire ;

3º Le 24 octobre, François Gauthier, natif de Perreux, décédé dans la maison de la sus-nommée, Jeanne-Marie Morel, veuve de feu Jean-Marie Seriziat, adjudant-général à l'armée de Vendée [1]. Le camp de Limonest ayant été levé, le bataillon de Roanne avait quitté la Tour ; c'est pourquoi la veuve Seriziat est seule à faire sa déclaration. Rien ne nous indique si ces soldats sont morts de blessures ou de maladie [2].

Remontons en arrière d'une douzaine de jours. La sortie de l'armée lyonnaise s'est effectuée le 9 octobre : les débris de Précy sont faits prisonniers à Saint-Romain-de-Poppey. Enfermés dans une grange, il faut toute l'énergie des soldats réguliers pour empêcher les paysans de mettre le feu à la grange.

---

1. *Archives municipales de la Tour.* — Dans un second acte, le curé-maire fait mourir le citoyen Seriziat à l'armée du Rhin. Il resta donc peu en Vendée. — Un autre Seriziat, général de brigade à l'armée de Saint-Domingue, fut mis deux fois à l'ordre du jour par le général Richepanse. — Les Seriziat, originaires de Vaise, n'ont guère fait que passer à la Tour. Un membre de cette famille eut le courage d'abriter à plusieurs reprises, soit M. Giraud des Echerolles, soit sa fille Alexandrine, qui nous a laissé de si intéressants mémoires sur cette douloureuse époque.

2. *Ibidem.*

« Le lendemain, de grand matin, deux rangs de soldats escortèrent les prisonniers sur la route de Lyon. On fit halte à l'Arbresle, pour arriver le soir à la Tour, où les malheureux furent déposés dans un grenier [1] ».

Leur historien, qui mentionne volontiers la lâche cruauté des habitants de Saint-Romain-de-Poppey, aussi bien que celle de la populace lyonnaise aux portes de la ville, est muet sur la manière dont ils furent traités à la Tour. Il est donc à croire que la population n'alla pas plus loin pour eux que l'indifférence ; peut-être même qu'à l'exemple de leurs gardiens. elle en eut pitié. Il nous a été impossible de découvrir en quels greniers, en quelles granges ils passèrent la nuit. La tradition est muette sur ce point : d'autre part, le registre qui aurait pu ou dû nous renseigner, celui des actes de la municipalité, a été anéanti jusqu'à la date de 1805, nous verrons plus tard par qui et pourquoi.

En mémoire de son père tombé au champ d'honneur, notons en passant la mort de François Ruissel, de Charnay, à la suite d'une chute de voiture, survenue au-dessus du pont de la Marcruère. Transporté chez le citoyen Clavel, aubergiste, maison Charretier, c'est là qu'il mourut, le 28 fructidor, an VII, entouré de sa mère, Charlotte Roland, veuve de Martial Ruissel, officier au 3e bataillon de la 21e demi-brigade. tué à la bataille de Mondovi, et de Philippe Prévost, sergent, Raymond Olive, caporal de grenadiers à la même demi-brigade [2].

---

1. Balleydier. — *Histoire du siège de Lyon*, t. II, ch. X.
2. *Archives municipales*. — Registres de l'Etat civil.

On nous pardonnera d'autant plus facilement de mentionner ici l'attaque de la diligence, en ce même an VII, que la poudre y joua son rôle, ainsi que le constate le rapport suivant :

« Citoyen, je vous préviens qu'ayant été instruit que la diligence qui arrive de Paris en trois jours, par la route du ci-devant Bourbonnais, a été attaquée, pillée, volée hier, sur les onze heures du soir, au bas de la Tour, par une vingtaine d'hommes, qui ont dirigé un feu de file sur la voiture, ont coupé les traits, et fait fuir le postillon devant eux, pendant que certain nombre ont volé tout ce que les voyageurs possédaient... » Signé : Picolet [1].

Le 7 nivôse, le ministre de la justice avertit la commune de la Tour qu'elle sera poursuvie en vertu de la loi du 10 vendémiaire, an IV. pour l'attentat commis dans son arrondissement, le 8 vendémiaire précédent.

Le 18 nivôse, la municipalité de la Tour déclare que l'attaque ne s'est point produite sur son territoire, mais sur celui de Dardilly, affirmation corroborée par un rapport du commissaire de police de l'Arbresle, venu pour faire une enquête. De son côté, le commissaire de police de Saint-Cyr-au-Mont-d'Or prétendait que l'attaque avait eu lieu sur la Tour, et non sur Dardilly. Mais comme les débris de la voiture se trouvaient sur le territoire de Dardilly, il fut bien obligé de procéder à l'enquête, qui naturellement n'aboutit à rien, bien qu'aidé par Gaspard Provin,

---

1. *Archives du Rhône.* — Série L. 298-300. Rapport du capitaine-commandant la gendarmerie du département du Rhône, au commissaire du Directoire exécutif près l'administration centrale.

adjoint municipal de Dardilly, lequel déclara « avoir parcouru toutes les maisons situées sur icelle, et d'après les renseignements que nous avons pris, nous n'avons pu découvrir aucune trace de ce délit [1] ».

Les conclusions du commissaire sont à retenir : « Il est pénible d'avoir affaire avec les agents des communes, puisqu'ils voient indifféremment tout ce qui ne les frappe pas directement. Une des institutions les plus urgentes pour le gouvernement est bien celle d'établir des agents de son pouvoir près les administrations des cantons ruraux [2] ».

Les arrestations de diligences se produisaient sur toutes les routes. Pour y remédier, un arrêté du 9 prairial an VII, institua des corps de garde de distance en distance, afin de fournir une escorte à la malle. Celui de la Tour fut d'abord de vingt-cinq, puis de trente hommes, sous les ordres d'un lieutenant, ce qui n'empêche pas que le 4 frimaire an VIII, la malle fut encore attaquée sur le territoire de Bully, l'escorte ayant eu un cheval tué, deux chasseurs blessés [3].

Cet état de choses dura jusqu'au consulat, alors que sous une main ferme, la conscience publique reprit enfin possession d'elle-même [4].

---

1. *Archives du Rhône.* — Série L.
1. *Ibidem.*
3. *Ibidem.*
4. Deux attaques de diligence eurent réellement lieu sur le territoire de la Tour, la première, probablement aux environs de l'an VII, la seconde, en mars 1831. Les habitants mêlent les détails de l'un et de l'autre, y ajoutent de l'extraordinaire ; il est donc difficile de savoir la vérité, faute de documents écrits. Le théâtre des deux attaques est le même, entre le Creux du Lac et Pierre-Plantée.
Pour la première, la voiture ne renfermait qu'une seule personne, Mlle Laporte ; conduite dans une terre et gardée à vue pen-

146

Il nous faut encore franchir un long espace de temps, long surtout par les évènements, aussi nombreux qu'étonnants, qui appartiennent à l'histoire générale. Nous sommes en 1814, au 19 mars ; l'armée autrichienne s'avance sur Lyon.

Une première colonne, général Bianchi, est concentrée à Belmont, Alix et Lozanne ; une deuxième, général Wimpfen, à Chazay et aux Chères ; le corps de réserve à Anse avec la brigade Mumb à Quincieux. Dans la soirée de ce même jour, les avant-gardes de Bianchi et de Wimpfen passent l'Azergues, remontent les vallons du Malignieu-Salvagny, du Sémonet et du ruisseau de Lissieu, pour s'établir dans les bois de Vavre, Lange et Rocoffort. Dans la pensée des uns et des autres, l'effort principal de la bataille doit se porter sur l'espace compris entre les deux routes de Paris.

Voici quelle était la disposition de nos troupes. A droite, un peu en avant de Limonest la division Musnier, savoir : en première ligne, la brigade Pouchelon ; en deuxième ligne, la brigade Ordonneau. Cette brigade devait fournir des postes pour surveiller les

---

dant qu'on fouillait la malle, il ne lui fut fait aucun mal. Peu après les gens de Lentilly, ayant été avertis par le postillon, une demi-douzaine d'entre les plus braves, sous la conduite du citoyen Ramel, suivirent les voleurs à leurs traces sur la neige. Ils les poursuivirent si loin, et si longtemps, qu'ils atteignirent le bourg de Chevrières — à vol d'oiseau, 32 kil. de Lentilly — où ils trouvèrent les voleurs en train « de chanter la messe ».

Pour la deuxième, les brigands ne purent arracher, ni défoncer le coffre contenant les valeurs. Mais un voyageur fut dépouillé de 6.000 francs en écus, renfermés dans un sac qu'il avait gardé avec lui. — Le procès-verbal de l'attaque fut fait par l'adjudant de la Garde nationale, Balmont. Le maire Gonnard profita de cette occasion pour demander au préfet des gibernes, des fusils et des munitions. Lettre du 6 mars 1831.

cols du Mont-d'Or. Au centre, la division Pannetier, la brigade Gudin occupant le Paillet, la brigade Estève, le bourg de Dardilly et l'éperon formé par les branches du ruisseau des Planches. A gauche, mais fort en arrière, un corps de réserve sous les ordres de Digeon, la brigade Beurmann à la demi-Lune et à Grange-Blanche, avec une forte avant-garde à la hauteur du Méridien, la brigade Rémond à Vaise et aux barrières de Lyon.

La Tour de Salvagny servait d'avant-poste au Centre avec cent gardes d'honneur et un bataillon de la brigade Rémond.

Nous avions 18.000 hommes environ contre 36.000.

De grand matin, Bianchi met son corps en mouvement par le pont de Dorieux et pique droit sur la grande route du Bourbonnais, étant toujours relié à Wimpfen par les détachements qui occupent le bois de Vavre. Il enlève le poste de la Tour, détache une colonne par Laval, Méginan, Pont d'Alaï, avec ordre de diriger ses tirailleurs le plus près possible de Lyon, pendant qu'avec le gros de ses troupes et son artillerie, il occupe la grande route, Villedieu, la Brochetière, s'apprêtant à l'attaque de Dardilly.

Sur notre droite, l'action est molle de la part de Wimpfen, soit en raison de la forte position du général Musnier, soit pour donner à Bianchi le temps de dépasser la Tour, pour attaquer de flanc, soit pour permettre au général Mumb le coup de maître qu'il fit, soit pour toutes ces raisons réunies. A midi, la première ligne autrichienne est toujours échelonnée de Montluzin à Vavre, sans avoir avancé d'un pas. Digeon, qui de Grange-Blanche, voit la solidité de

148

notre droite, va tenter une diversion contre Bianchi,
en lançant une forte colonne sur la grande route,
lorsque tout-à-coup, aux regards étonnés des généraux
et soldats, les crêtes du Mont-d'Or apparaissent cou-
ronnées d'Autrichiens.

Que s'était-il donc passé ? La brigade Mumb descendant la rive droite de la Saône, avait enfilé et re-
monté les vallons de Curis, Poleymieux et Couzon,
enlevant les faibles postes trouvés devant elle, et
tourné ainsi notre droite. Aussitôt le général Musnier
ordonna la retraite, qui aboutit à un combat à la Duchère, à un autre à Grange-Blanche, où le général Digeon remporta un véritable succès ; succès inutile
pour les destinées de la France, qui se jouaient sur un
autre théâtre, mais fort avantageux pour la ville de
Lyon. Actuellement encore, l'opinion des anciens de
la Tour, écho de leurs pères, est que la bataille fut
livrée uniquement pour empêcher les ennemis d'entrer le soir dans la ville, en raison des graves désordres
que la nuit eût favorisés. En vertu d'une convention
conclue durant cette même nuit, nos troupes éva-
cuèrent la ville avant le lever du soleil, et sitôt après
les Autrichiens y firent leur entrée.

---

1. Consulter la relation de J. Guerre : *Campagnes de Lyon en
1814 et 1815*, et celle de M. le comte de Tournon : *Notes sur
l'invasion lyonnaise en 1814*. — La première dit que Dardilly fut
pris et repris plusieurs fois, et que Musnier battit en retraite parce
qu'il craignait d'être tourné, et non parce qu'il l'était déjà ; sur ce
dernier point, elles peuvent se concilier.

La seconde relation est certainement faite d'après les archives de
la guerre, en raison des chiffres et des particularités qu'elle fournit... « Quand le maréchal revint sur les trois heures à Vaise, il
trouve le faubourg encombré par les troupes de Musnier. Pannetier avait encore pied sur le plateau de la Duchère, mais des hauteurs voisines, Mumb commençait à lancer dans les rues de Vaise

La bataille de Limonest doit la plus grande partie de sa célébrité aux accusations de trahison portées contre Augereau par Napoléon, jusque dans son testament. Le maréchal pouvait-il donc, à lui seul, sauver ce qu'avait perdu l'Empereur ?

Un mois plus tard, exactement le 23 avril, Napoléon se rendant à l'Ile-d'Elbe, s'arrêta à la Tour, pour n'avoir pas à traverser Lyon de jour, craignant d'être insulté par la populace. Il fit un petit repas à l'auberge tenue par P. Tabard. dit l'Allemand, en haut de la Charrière, s'entretint assez longuement avec le maire, M. Jean Gonnard, venu pour le saluer. Pendant la conversation, le maire apprit à l'empereur qu'il avait un fils lieutenant au 106ᵉ. Et la légende de faire dire à l'empereur : Le lieutenant Gonnard ? mais je le connais... Tout en continuant de converser, Napoléon fit à pied le trajet jusqu'au pont de la Marcruère.

Jean-Pierre Gonnard, le lieutenant en question était fils de Jean et Marguerite Renard. Agé de dix-neuf ans seulement, car déjà les appels de classe étaient devancés, il fut incorporé le 24 juillet 1807, au 106ᵉ

---

des obus qui y augmentaient le désordre... Se mettant à la tête des troupes de Musnier et Gudin, il les enlève, et parvient à reprendre les crêtes de Balmont et de la Duchère, où il se maintient jusqu'à la nuit... Wimpfen montre ses têtes de colonne à Ecully, tandis que Bianchi sur la route renouvelle ses attaques. La retraite ne peut être retardée, mais pour la faire en ordre dans l'étroit défilé de Vaise, il faut un peu d'air et de répit. Digeon ordonne au colonel Bigarré de fondre avec ses cuirassiers sur une batterie établie sur la route de Moulins, et à Colbert de charger tout ce qu'il rencontrera sur celle de Clermont. Le 13ᵉ cuirassiers prend aussitôt la charge, sabre les artilleurs sur leurs pièces, et en ramène les avant-trains. Le 12ᵉ hussards culbute le régiment Hiller, fait prisonnier son colonel et 400 hommes, et rentre à Vaise le dernier avec ce trophée... » (Comte de Tournon. — *Notes sur l'invasion en Lyonnais*, pp. 52-53).

de ligne, alors en Italie. il avait eu pour maître d'école
le curé Bouteille. Possédant une très belle écriture, il
entra presque aussitôt dans les bureaux. Sergent en
1809, sergent-major en 1813, sous-lieutenant officier-
payeur et lieutenant à la fin de la même année. En 1814,
le 106ᵉ devient le 87ᵉ, il y demeure en qualité de quar-
tier-maître-trésorier, est fait chevalier de la Légion
d'honneur, le 1ᵉʳ novembre de la même année. Après
les Cent Jours, il est mis en non-activité, puis rappelé
en 1819, et placé au 44ᵉ, toujours en qualité de
trésorier. Capitaine en 1821, major en 1830. En 1835,
il commande le dépôt de recrutement de la Gironde ;
promu officier de la Légion d'honneur en 1839.
Admis à la retraite, mais resta en activité jusqu'en
1844, en qualité de commandant des prisons militaires de Bordeaux. Il compte neuf campagnes, dont
huit en Italie, et la neuvième sous le titre de 1815 et
Antibes [1]. Il était donc à Antibes, lors du débarque-
ment de l'empereur au golfe Juan, et put voir le détachement que le général Corsin fit désarmer et retint
prisonnier [2].

---

1. Ses états de service, datés du 31 décembre 1815, portent
cette simple mention : A fait la campagne de 1813 et 1814, à
l'armée d'Italie. De même, un rapport de 1820, lors de sa proposition comme capitaine. Ce n'est qu'en février 1830, sur sa demande, qu'on lui tint compte des campagnes de 1807, 1808,
1809, etc., en Italie. Le 106ᵉ fit, entre autres campagnes, celles
d'Allemagne, 1809 et de Russie, 1812. Son drapeau porte Wa-
gram, Malo-Iaroslavetz.

En 1810, ses deux premiers bataillons, en garnison à Bologne,
furent complétés à 600 hommes, pour faire partie du petit corps
d'armée du général Pacthod, destiné, selon l'élégante expression
du général franc-maçon Radet, à *déblayer les moines* des Etats
romains. En 1813 le dépôt du 106ᵉ était à Udine.

2. F. Guerre. — *Campagnes de Lyon en 1814-1815.* — Le 87ᵉ,
redevenu le 106ᵉ, fit partie du petit corps d'observation sur le
Var, sous les ordres du maréchal Brune.

Le commandant Gonnard finit ses jours à la Tour le 18 juillet, à la fois très-estimé et très-aimé de toute la population.

Nous revenons à l'année 1814. Un détachement autrichien séjourna à la Tour pendant quatre jours seulement ; ces soldats n'ont laissé aucun mauvais souvenir dans le pays. Cependant, ils sont accusés officiellement d'avoir, par mégarde, incendié l'une des masures du vingtain, la première à gauche, en regardant la porte de la vieille tour. La vérité serait toute autre. Sur le conseil de son propriétaire, un maçon, les habitants avaient caché leur linge et autres menus objets quelque peu précieux dans cette maison, parce que, vu son aspect misérable, elle n'attirerait pas l'attention des soldats étrangers. Le maçon, après avoir volé le dépôt, aurait incendié lui-même la maison [1].

En août 1814, Mme la duchesse d'Angoulême se rendait de Vichy à Lyon, où les habitants lui préparaient une enthousiaste réception. Arrivée à la Tour, elle trouva la garde nationale à cheval venue au-devant d'elle jusqu'à notre petit village, le comte de Bondy, préfet du Rhône et M. de Varenne de Fenille, sous-préfet, qui l'un et l'autre lui adressèrent un compliment, en présence de toute la population, remplie d'une légitime émotion à la vue de l'auguste prisonnière du Temple [2].

Le 10 mars 1815, le maréchal Macdonald, passant la revue des troupes de Lyon, au moment où l'avant-

---

1. Témoignage de M. Rozier.

2. J. Guerre. — *Campagnes de Lyon en 1814-1815*. — Le copie de lettres du maire Gonnard nous apprend que la duchesse de Berry traversa la Tour, dans l'été de 1816, et qu'on l'honora d'un arc de triomphe.

garde des soldats ralliés à Napoléon atteignait la tête du pont de la Guillotière, essaya de leur faire crier : Vive le Roi ! Ce fut en vain. Comprenant que les choses allaient mal tourner contre lui, il quitta brusquement la place Bellecour, et suivi d'un seul dragon, il s'enfuit au plus grand galop de son cheval, et tout d'une traite, jusqu'à la Tour de Salvagny [1].

En 1817, quand furent liquidées les dépenses pour fournitures faites par les habitants de la Tour aux alliés et troupes françaises pendant les années 1814 et 1815, sur la somme mise à la disposition de la commune, il resta un excédant de 2.986 fr. 39 [2]. Le laboureur en tira cette conclusion proportionnée à sa philosophie, que le malheur des uns fait le bonheur des autres.

En 1830, lorsqu'on perça le mur oriental de la vieille tour, pour établir la communication nécessaire avec le nouveau chœur construit à cette époque, on trouva dans l'épaisseur du mur un tombeau, avec un corps parfaitement conservé, au moins à première vue. Au bout de quelques instants, le contact de l'air le réduisit en poussière. Il avait avec lui deux javelines. Etait-ce le chef des arbalétriers d'autrefois s'exerçant dans le pré de la Butte ? ou un capitaine des nombreuses bandes qui jadis avaient attaqué ou défendu le pays ? On ne le saura jamais. Les javelines ont été données au musée de Lyon [3].

---

1. C'est lui-même qui le raconte ainsi dans ses Mémoires.

2. *Archives municipales*. — Délibération du Conseil, 14 décembre 1817. — « Il est constant que toutes les créances payées, il restera disponible une somme de 2986 fr. 39 ».

3. Témoignage oculaire de M. Rozier, ancien adjoint au maire de la Tour de Salvagny.

CHAPITRE XII

La paroisse de la Tour sous le nouveau régime

La constitution civile du clergé trouva l'abbé Brunel, vicaire de la paroisse de la Tour de Salvagny, « annexe de Lentilly », depuis 1781. Il accepta d'en être le premier desservant schismatique [1]. En 1792, il est remplacé par l'abbé Gardey, originaire du diocèse du Puy, vicaire à Lentilly depuis 1790. Il ne conserva ses fonctions que trois mois, puis disparut, ce qui donne le droit de penser qu'ayant prêté le serment dans le premier moment, il le rétracta bientôt. Le concordat le trouva à Panissières, où il semble avoir passé les dix années précédentes ; à cette époque il fut nommé curé de Ville-sur-Jarnioux.

Il eut pour successeur Jean-Baptiste Bouteille, ancien perpétuel de Saint-Paul [2]. Il entra en fonctions au

---

1. *L'Almanach de la ville de Lyon et du département du Rhône-et-Loire*, pour l'année 1792, l'inscrit comme prêtre-desservant. Il avait donc prêté le serment.

2. Né à Lyon, paroisse Saint-Paul, le 5 mai 1734, d'Antoine, maître et marchand boulanger et de Jeanne Delaye. Outre la charge de perpétuel qu'il occupa durant quinze ans, il cumulait

mois de novembre 1792. Comment fut-il nommé? Qui appela sur lui l'attention des électeurs, la constitution ayant mis à l'élection le choix des ministres du culte ? Il est vraisemblable que les habitants de la Tour déléguèrent deux des leurs auprès de l'administration de Lamourette, pour lui demander un prêtre. On leur offrit M. Bouteille, qu'ils acceptèrent.

Le registre des actes qu'il nous a laissé n'est qu'une copie faite après le Concordat ; on en juge par ce fait, que jusqu'en 1796, ce registre ne renferme que les baptêmes, les seuls actes valides au point de vue du Sacrement.

Au 30 novembre 1793, après l'inscription d'un baptême fait ce jour-là, nous trouvons la note suivante : « Le 30 novembre 1793, le terrorisme et l'impiété ont fait fermer scandaleusement tous les temples et abolir le culte de la religion catholique ; les minis-

---

les bénéfices de quatre prébendes, dont deux dans l'église même de Saint-Paul, une dans la chapelle de la Trinité, l'autre dans celle de Saint-Claude, la troisième dans l'église de Saint-Laurent, sous le vocable de Saint-Guillaume et Saint-Pierre, le quatrième sous le vocable de Saint-Jean-Baptiste, dans l'église de Saint-Vincent de Lyon. Elles lui rapportaient deux cent six livres. Comme perpétuel, il touchait pour sa portion six cent septante-quatre livres ; en distributions quotidiennes, cinq cent soixante-huit livres ; de la maison de sa perpétuité, louée en partie, cinq cent quatre-vingts livres, soit avec les prébendes, un revenu total de deux mille vingt-huit livres.

... « L'heureuse constitution, dit-il, ayant exigé d'en faire un sacrifice à la nation », il adresse une demande de pension proportionnelle ; le 24 vendémiaire, an III, il lui est accordé un secours annuel de mille francs, comme ex-fonctionnaire du district de la campagne de Lyon. *Archives du Rhône.* — Cultes I. Dossier J.-B. Bouteille.

Les caisses de l'Etat étant vides, ces pensions ne furent jamais payées ; quand on put faire quelque chose, elles furent ramenées pour la plupart à 333 fr. 33.

tres dudit culte ont été baffoués, poursuivis cruelle-
ment, emprisonnés sans pitié, rongés par la vermine
dans les cachots les plus dégoûtants, enfin presque
tous guillotinés sans jugement. Quelle scéléra-
tesse ! [1] »

Le temple, selon la nouvelle appellation, demeura
fermé deux années. Que devint le curé schismatique
durant ce temps-là ? La note précédente a fait croire
tout d'abord qu'il avait connu par lui-même les hor-
reurs de la prison. Il n'en est rien. Il exerçait tran-
quillement les fonctions de « membre du Conseil général de la commune de la Tour de Salvagny, élu le
14 novembre dernier, pour dresser les actes destinés
à constater les naissances, mariages et décès des citoyens ». Et il signe : officier public. Nous l'avons vu,
dans un chapitre précédent, constater le décès d'un
soldat tué dans l'engagement entre les troupes de la
Convention et l'armée lyonnaise.

En tête de ses actes, il écrit à droite et à gauche :
Égalité ! Fraternité ! Etait-ce un formulaire obligatoire,
un effet de la peur, ou bien une ironie ? Il entendait
sûrement le bruit des mitraillades de Lyon ; il savait
combien rapidement fonctionnait le couteau de la
guillotine, un des principaux propriétaires de la Tour
y laissait sa tête [2]. Egalité ! Fraternité ! la fraternité
de Caïn !

---

1. *Archives paroissiales.* — Note identique dans les registres
de Lentilly.

2. Pierre-Jean-Philippe-Anne Lacroix de Laval, guillotiné à Lyon,
le 24 décembre 1793. Une autre victime de la Terreur, la maré-
chale de Noailles, née de Brissac, avait possédé à la Tour des
terres dépendant de la seigneurie de Villedieu, qu'elle tenait de
sa mère, née Catherine Pecoil. Elle fut guillotinée le 4 thermidor
an II, avec sa fille et la belle-fille de celle-ci.

Le citoyen Bouteille signe son dernier acte, en qualité d'officier public, le 20 novembre 1795. Mais il continua d'être le greffier de la municipalité jusqu'en 1803 ; il tint donc le registre des délibérations du Conseil. Malheureusement les pages de ce registre, antérieures à 1803, ont été déchirées. *Is fecit cui prodest*. Ces pages renfermaient le procès-verbal de son serment schismatique, la vente aux enchères des linges d'église, les motions patriotiques de l'époque, le récit des fêtes publiques, des renseignements sur le passage des troupes et sans doute aussi l'indication du lieu où couchèrent les débris de l'armée de Précy, la délibération en vertu de laquelle le nom de la commune fut décapité. Les considérants devaient en être curieux. Le pauvre curé-greffier se trompait souvent dans ses écritures : aussi, quand il lui arrivait de mettre le nom tout entier : La Tour de Salvagny, s'empressait-il d'ajouter : *vieux stile*. Au moins, ce Conseil, si plein d'horreur qu'il fût pour le nom, avait-il conservé la chose, tandis qu'il viendra un autre Conseil municipal.... mais n'anticipons pas.

Donc, le registre a été déchiré [1], avec probablement la connivence des conseillers de l'époque, dont le rôle pouvait prêter à rire pour la postérité. L'examen du cahier le prouve : la première délibération actuelle commence à un centimètre du haut de la page, chose qui ne se reproduit pas dans les autres registres sortis de la même main ; c'est le curé qui a fourni la couverture ; lui-même qui l'a faite de quatre feuilles collées ensemble, dont les deux intermédiaires sont tirées d'un vieux missel. En plus, elle avait servi à un autre

---

[1] Il en est de même à Lentilly, avec cette différence qu'on a conservé un répertoire des actes anéantis.

La Tour après 1830

usage, comme il appert des mots effacés sur le recto [1].
Le registre des baptêmes présente les mêmes particularités, sauf les feuillets du missel. Enfin, la première
page de ces deux registres, celui de l'église et celui
de la mairie, est encadrée exactement de même par
des lignes parallèles, qui sont l'œuvre du curé.

Mais laissons le curé, en tant que greffier de la
commune, et occupons-nous de lui, au point de vue
de ses fonctions religieuses. Il ne s'intitule point curé
ou desservant de la paroisse, mais «Pasteur de la
Tour de Salvagny». Les orateurs de la Constituante
avaient eu la pleine bouche de ce qualificatif, « utiles
pasteurs », en parlant des curés qu'ils s'apprêtaient
à dépouiller. On comprend dès lors que ceux qui con-
sentent à tenir leurs pouvoirs spirituels de la puissance
laïque, prennent le nom inventé par cette puissance,
et délaissent le titre canonique consacré par l'Eglise.
Peut-être aussi que le citoyen Bouteille faisait de la
logique sans le savoir.

Nouvelle note du pasteur : « Le 8 novembre 1795,
l'église de la commune de la Tour de Salvagny a été
réconciliée par nous, Jean-Baptiste Bouteille, en vertu
des pouvoirs illimités, qui m'ont été accordés par feu
M. Lamourette, évêque du département de Rhône-et-
Loire, en l'année 1791. J'ay repris ledit jour mes fonctions pastorales dans ladite commune, et j'en ay
continué l'exercice sans trouble ».

Habemus confitentem ! Si M. Bouteille a fait disparaître le procès-verbal de son serment schismatique,
il ne pouvait laisser plus ingénuement la preuve qu'il
l'avait prêté, et qu'il persévérait dans son erreur.

---

1. Mots effacés : Enregistrement des décrets.

158

Constatons en passant, que si la date de 1791 est
exacte, il avait reçu « des pouvoirs illimités » avant
de savoir où il les exercerait, puisqu'il ne fut nommé
à la Tour qu'à la fin de 1792 ; ou bien encore, l'évêque intrus accordait d'une façon générale des pouvoirs, sans limite de temps et de territoire.

Si le curé fit des actes de son ministère pendant la
période de deux ans que dura la fermeture de l'église,
il n'en a laissé aucune trace écrite. Car les deux notes
se suivent, après quoi, les actes de baptêmes recom-
mencent, avec un grand nombre de suppléances pour
les cérémonies, à des enfants, soit de la Tour, soit de
Dommartin. Il en est ainsi jusqu'au 28 mars 1796.
Ce jour-là, pour la première fois, il inscrit une inhu-
mation faite à Marcy, celle de Dominique Faure, curé
de Sainte-Consorce et Marcy, décédé à l'âge de 81 ans.
A la suite de l'acte, il ajoute les réflexions suivantes :

« Ledit citoyen Faure a persisté jusqu'au dernier
soupir dans les sentiments de religion la plus exem-
plaire, d'une foy vive, d'une charité sans bornes,
muni de tous les sacrements de l'Eglise ; il a fait une
profession publique de son attachement à la religion
et à sa doctrine, de sa fidélité et de son obéissance
au Saint-Siège, assurant à toute la commune que son
bonheur était de mourir comme il avait vécu, profes-
sant la même doctrine et les mêmes maximes qu'il a
toujours enseignées à son peuple jusqu'à ce jour, et
l'exhortant à ne jamais s'écarter du Saint-Évangile, et
de reconnaître toujours le Saint-Siège comme le centre
de l'unité et le chef de la religion catholique. Fatigué
dans ses derniers moments par les curés du voisinage
et autres non soumis aux lois, il a refusé leurs services temporels et spirituels, qu'ils n'ont pas craint

de lui offrir plusieurs fois, déclarant avoir donné sa confiance au Pasteur de la Tour de Salvagny... Nous regrettons en notre particulier de l'avoir connu si tard. Que le Seigneur, etc. ».

Les termes de cette déclaration jurent avec la doctrine et les faits : deux fois le Saint-Siège est nommé, tandis que le Pape est passé sous silence [1]. On se demande par quel raisonnement ces malheureux prêtres pouvaient se dire et peut-être se croire attachés à l'Eglise, alors qu'ils refusaient d'obéir à son chef, le successeur de Pierre, et comment ils se faisaient la conviction que leurs pouvoirs spirituels venaient de quelque manière, médiatement ou immédiatement, du vicaire de J.-C., alors qu'ils les tenaient de la pure puissance laïque ?

Nous devons à un sentiment de vanité chez M. Bouteille, sentiment bien compréhensible, de savoir que dans le voisinage se trouvaient encore des prêtres « non soumis aux lois », c'est-à-dire des prêtres fidèles, en communion avec Rome. En effet, durant cette malheureuse période, la paroisse de Vaugneray eut l'honneur insigne de donner asile à plusieurs de ces confesseurs de la foi ; leur présence se manifeste par des actes de baptême assez fréquents. Ils étaient trop proche de Marcy, pour n'avoir pas tenté auprès de leur confrère mourant, les démarches aussi périlleuses que touchantes, qui ont tant scandalisé l'intrus de la Tour.

A partir de novembre 1796, le Pasteur Bouteille inscrit des mariages, s'intitulant à cette occasion « ministre du culte catholique de la Tour de Salvagny ». Il exerce ses fonctions d'assermenté à Marcy,

---

1. Il ne faut pas oublier que la doctrine gallicane distinguait la personne du Souverain Pontife du Siège apostolique.

à Sainte-Consorce, et les gens de Dommartin apportent baptiser leurs enfants à la Tour, comme sous l'ancien régime. A la date du 19 avril 1802, il donne la bénédiction nuptiale à Jean Giraud et Jeanne Pert, de la même commune de Dommartin, « dont le contrat civil était passé à l'époque de la cessation du culte, et ce... pour satisfaire leur religion ».

Enfin vint le Concordat, M. Bouteille, après rétractation fut nommé par le cardinal Fesch, en février 1803, desservant de la Tour, cette fois canoniquement érigée en paroisse distincte et indépendante de celle de Lentilly. Jusqu'à la fin, sauf son dernier acte, il signera : Pasteur, et jamais il n'écrira le mot : Paroisse, toujours celui de Commune. Ses registres ne nous fournissent plus aucun renseignement : ils sont même incomplets, en ce sens, que pour les baptêmes et les inhumations, il n'indique jamais la date de la naissance, ni celle des décès. Vers 1810, sa vue baissant, il prit un scribe, M. Jean Gonnard, la plus belle plume du pays. Son dernier acte, un baptême est du 4 mars 1817. Devenu presque aveugle, les habitants l'engagèrent un peu trop vivement, paraît-il, à démissionner. Il le fit, après avoir obtenu une place de chapelain à Fourvière qu'il occupa à partir du 1er avril. Son séjour n'y fut pas long ; car, ayant fait une chute en descendant de l'autel, il mourait le 27 mai suivant, à l'hospice de Fourvière, situé rue Cléberg. Il fut inhumé le lendemain par M. Frangin, curé de Saint-Just, en présence de Antoine Merle, marchand drapier, et de Pierre Rivoire, tous deux habitants de Saint-Just, mais dont les noms sont bien connus à la Tour.

Les anciens racontent, le tenant de leurs pères, que sur l'esplanade de Fourvière, se tournant du côté de la vieille Tour, bien que ses yeux ne pussent la voir, M. Bouteille murmurait des reproches contre ses anciens paroissiens. C'est qu'il avait pensé finir ses jours, là où s'étaient écoulés 25 ans de sa vie ; c'est que les habitants avaient mis quelque hâte à se débarrasser de lui.

La délibération qui précéda son départ en est une preuve assez péremptoire. Rien de plus sec, malgré les circonstances. Qu'on en juge.

« Cejourd'hui, 9 mars 1817, les membres du Conseil de fabrique de l'église de la Tour de Salvagny assemblés, M. Jean-Baptiste Bouteille, curé de cette paroisse, a proposé de faire célébrer à perpétuité le 9 novembre de chaque année, un service solennel pour lui et tous les défunts de la paroisse ».

« La proposition mise en délibération, le Conseil a accueilli les intentions de M. le curé, n'ayant d'autres vues que la gloire de Dieu, l'honneur de la religion et le salut des âmes, a arrêté à l'unanimité que ledit service serait célébré à perpétuité le jour ci-dessus indiqué, attendu que les fonds en ont été faits par ledit M. Bouteille, par l'abandon qu'il a fait du prix de la location des appartements qu'il a occupés, et dont il a payé lui-même le loyer, et encore par la cession et abandon des linges et ornements à lui appartenant, dont il fait présent à la fabrique ».

« Ainsi délibéré et arrêté à la Tour de Salvagny, et a ledit M. Jean-Baptiste Bouteille signé avec nous ». Gonnard, maire ; P. Tabard, Chambard, J. P. Tabard, Renard, secrétaire, J.-B. Bouteille qui cette fois, et c'est l'unique, ajoute : curé.

La somme due par la commune à M. Bouteille se montait à près de cinq mille francs et représentait le prix du loyer de la cure, pendant une quinzaine d'années et le supplément de traitement aux trois cent trente-trois francs trente-trois centimes qu'il recevait de l'Etat [1], loyer et supplément rendus obligatoires par la loi de germinal, an X [2].

Pour faire face à ces dépenses et à celles de l'entretien de l'église, le Conseil employa un procédé imaginé, dit-on, par l'administration civile [3]. Au lieu de procéder à la manière légale et ordinaire, qui est l'inscription de la dette au budget communal, les conseillers établirent un rôle supplémentaire et indépendant de tout autre, à raison de cinq sols par franc, sur les impositions foncière, personnelle, mobilière et somptuaire. Ce rôle établi « à la diligence des quatre fabri-

---

1. C'était l'indemnité ordinaire accordée aux anciens prêtres dépouillés de leur bénéfice.

2. A remarquer dans la délibération ci-dessus, que le maire parle seulement de l'abandon de la location et des linges et ornements, escamotant la mention du supplément de traitement, on comprend facilement pourquoi. — En estimant la location à cent francs, prix faible, et deux cents francs de supplément de traitement, de 1802 à 1817, on arrive à la somme de quatre mille cinq cents francs. Or, les anciens du village ont toujours dit que le curé Bouteille avait fait à la commune un cadeau de cinq mille francs. Témoignages de MM. André Tisseur et J.-M. Rozier.

3. D'après l'abbé Sicard, le préfet de Tarn-et-Garonne serait l'initiateur de cette combinaison. Les rôles devaient être approuvés et rendus obligatoires par les préfets. Mais le franc-maçon d'ancien régime, Nompère de Champagny, ministre de l'intérieur, par une circulaire plus ou moins confidentielle, défendit aux préfets d'approuver les rôles, sauf pour les communes qui posséderaient des biens communaux, un octroi, et n'auraient pas des dettes. Seule, la dernière condition était remplie par la Tour. — (Quinze années de budget des cultes à la charge des fidèles. — *Le Correspondant*, 15 juillet 1905).

ciens de la commune », atteignit le total de mille huit francs, quatorze sols. Il est signé des quatre fabriciens nommés plus haut, déjà en fonctions à cette époque, à la date du 20 ventôse, an XII [1].

Quelques-uns, en petit nombre, payèrent de suite, et intégralement : d'autres ne donnèrent qu'un acompte, d'autres rien du tout. La somme recueillie, cinq cent quarante francs quatre-vingt-cinq centimes, un peu plus de la moitié, fut employée aux choses nécessaires à l'église, et le curé ne reçut rien. Le préfet se fâchait, ou faisait semblant, mais inutilement [2]. En paysans têtus qui ont une idée fixe, ils opposaient la force d'inertie. Le bon curé attendait toujours, il attendit jusqu'au moment où lassé, il fit condonation de ce qui lui était dû, moyennant le service annuel et perpétuel, selon ses intentions exprimées dans la délibération ci-dessus, c'est-à-dire que la Fabrique consentit à payer la dette de reconnaissance de la commune. Comme on le voit, cela ne coûtait pas cher à cette dernière.

Le service fut célébré ponctuellement jusqu'en 1902. A cette époque le Conseil de fabrique ayant besoin de faire régulariser certains titres de rente, l'administration préfectorale demanda sur quelles bases reposaient le service Bouteille. On ne put présenter qu'une note tirée d'un tableau de fondations, note ainsi conçue : En reconnaissance pour services rendus à la paroisse.

---

1. *Archives paroissiales.* — Un cahier de 16 pages.
2. Voir entre autres délibérations du Conseil municipal, celle du 24 juillet 1808. — Les membres du Conseil de fabrique étaient tous du Conseil municipal. Qu'on ne l'oublie pas, cela éclaire bien des choses.

Les deux administrations civile et religieuse rayèrent le service purement et simplement. Depuis, on eut la bonne fortune de découvrir dans un lot de vieux journaux, relégués au grenier, le registre des délibérations du Conseil de fabrique de 1805 à 1839, registre qu'on croyait brûlé ou perdu. Si de bonnes âmes n'avaient pourvu officieusement à la célébration quand même du service, nous eussions fait appel à l'honnêteté de tous ceux qui ont contribué à le faire supprimer, pour obtenir sa réintégration officielle au tableau des fondations.

Le Conseil municipal continua les mêmes errements vis-à-vis du successeur de M. Bouteille. Il s'appelait Odet, et venait de la paroisse de Marchampt.

Sur réquisition du préfet, le 12 mai 1817, le Conseil vote enfin cent quarante francs pour le logement du curé, et quatre cents francs pour supplément de traitement, à la condition que la quête dite de la Passion sera supprimée...

«... Mais qu'attendu la réunion de la paroisse de Dommartin à celle de la Tour, cette somme était insuffisante, et que M. le Préfet était expressément prié de tenir la main, à ce que la commune de Dommartin contribuât à cette augmentation de traitement pour une somme de deux cents francs, à laquelle il voudra bien la taxer d'office. »

Le 14 décembre 1817, le maire est autorisé à acheter un terrain pour le presbytère et son jardin.

Le 14 mars 1818, le Conseil décide d'affecter à la future construction d'un presbytère, les deux mille neuf cent quatre-vingts francs, reliquat de la liquidation des dépenses faites par les armées alliées et françaises en 1814 et 1815. Peu après, le maire négocie avec le préfet le partage de cette somme, au marc le franc de la contribution foncière, entre les habitants, à l'exclusion des bourgeois, parce qu'en 1814, ils étaient absents de la Tour [1].

Le 19 mai 1818, le maire demande l'autorisation pour lever un impôt extraordinaire de quatre mille neuf cent quatre-vingt-six francs, répartis en deux exercices, à l'effet de bâtir un presbytère, dont le devis s'élève à six mille neuf cent vingt-deux francs soixante-dix centimes. Benoît Perret, Claude Gros et Antoine Bouchard offrent pour l'emplacement dix ares de terrain, au prix de sept cent cinquante francs.

Le budget de 1819 porte quatre cents francs pour supplément de traitement au curé et cent quarante francs pour son loyer; celui de 1820 est ramené à trois cents francs.

Le 14 juin 1820, coup de théâtre : « Le supplément de traitement du curé nécessitant une imposition extraordinaire qui répartie sur toutes les propri-

---

1. Il est difficile de tirer cette affaire au clair. En juillet 1816, le maire produisit un état des dépenses se montant à 4.563 fr. 16. Le 14 mars 1818, il déclare au Conseil que, toutes les créances payées, il restera disponible une somme de 2.986 fr. 39. A deux reprises, le 14 et le 19 mai 1818, il propose de les employer à la construction d'un presbytère, après quoi il n'en est plus question dans le registre des délibérations. Nous en retrouvons la trace dans son *Livre de raison* : le 9 février 1810, il réitère sa proposition de distribuer cette somme aux habitants, ajoutant, pour attendrir le préfet, que cette affaire l'ennuie depuis longtemps et lui devient journellement à charge. — Ensuite plus de traces nulle part. Faut-il en conclure que cette somme ne fut jamais mandatée, puisque, de l'aveu du maire, les habitants avaient été indemnisés ? — En 1815, le détachement des troupes alliées stationna du 21 juillet au 30 octobre. — A cette époque, une *bareille* de vin pour la troupe fut payée par le maire, au sieur Cozona, la somme de 94 francs. — Copie de lettres cité.

étés foncières, force injustement les propriétaires forains à contribuer au paiement d'un pasteur qui leur est étranger, le supplément demeure supprimé. La quête de la Passion, comme moyen de donner librement, est préférable à celui d'une contribution forcée. Le curé sera donc libre de faire la quête, s'il le juge à propos ».

La Passion était dite, la quête était faite du 3 mai au 14 septembre. Les conseillers de l'époque croyaient, et nous ne pensons pas leur faire injure en le disant, à l'efficacité des prières de l'Église pour les fruits de la terre. On est donc en droit de leur demander si les propriétaires forains n'avaient pas une part égale à la leur, puisqu'ils n'emportaient pas leurs terres avec eux. Ni ces conseillers n'avaient, ni leurs successeurs n'auront un tel souci de la justice, quand il s'agira pour eux de recevoir ; car pas une seule de leurs délibérations relatives à une dépense même ordinaire, ne se termine autrement que par un suppliant appel à la caisse du département ou de l'Etat, en faveur de la « petite commune de la Tour, dont les revenus sont si minces [1] ».

----

1. En effet, les revenus étaient minces, mais les dépenses aussi. Qu'on en juge. Les budgets de 1813 à 1817 oscillent entre 143 fr. et 178 fr., non compris le traitement du garde-champêtre fixé par le préfet impérial à 150 fr., et ramené à 100 en 1814 par le Conseil. On se demande pourquoi il ne figurait pas au projet de budget. En 1818, il est de 900 fr. dont 100 pour le traitement du garde, 100 fr. pour l'entretien de l'église, 400 fr. pour supplément au curé, et 140 fr. de loyer pour le presbytère, ces dernières sommes sous la qualification d'impositions extraordinaires. Avec des revenus si minces, la commune n'en passa pas moins tout le xixe siècle sans avoir besoin de contracter le plus petit emprunt. Est-il meilleure preuve que les conseillers de la Tour ont toujours été des gens économes et habiles ? Les malintentionnés d'aujourd'hui disent même qu'ils ont trop administré la commune avec les défauts de leurs qualités.

Le curé Odet, moins patient, peut-être aussi moins à l'aise que M. Bouteille, fatigué par ces tracasseries, renonça à son poste, et les gens de la Tour attendirent un certain temps qu'on voulût bien leur donner un successeur. Ils ne s'avouèrent pas en faute ; car le 5 janvier 1821, sur une demande du préfet, savoir où en était la question du presbytère, ils délibérèrent à ce sujet, disant la construction d'autant plus nécessaire, « que déjà la commune s'est vue privée de pasteur à défaut de logement ». Rien de plus à côté de la question, pour ne pas dire davantage, puisque, pendant longtemps encore, le curé sera en location ; c'est celle-ci que le Conseil refusait de payer.

Ce même jour, 5 janvier 1821, M. Jean Gonnard, maire, donne le terrain pour le presbytère et son jardin, et le 7 mars suivant, on approuve un plan dressé par l'entrepreneur Humbert Gervais.

Nouvelle surprise ! « A partir du 1er janvier 1822. le Conseil alloue deux cents francs à M. Jamet, le curé, tout le temps qu'il restera dans la paroisse. La quête de la Passion est supprimée ». Ainsi, ce qui était une injustice à l'égard des propriétaires forains, en 1820, ne l'est plus aujourd'hui.

En 1828, le préfet est obligé d'écrire deux fois, afin d'avoir une réponse à cette question : Pourquoi l'allocation de deux cents francs, due au curé-desservant, ne figure-t-elle pas au budget communal ? De l'air le plus innocent du monde, le Conseil répond, le 19 septembre : « Que le roi ayant bien voulu accorder une augmentation de traitement à M. le desservant, la commune croyait pouvoir en être dispensée ; qu'elle est déjà obligée de subvenir au loyer du presbytère ; qu'elle a fait des réparations à l'église ; que les signa-

taires de la convention du 26 octobre 1820 ont outre-
passé leurs pouvoirs… que l'allocation avait pour but
unique de faire dire la Passion tous les jours, comme
d'ancien usage, pendant cinq mois de l'année; mais
que la louable intention des signataires n'a nullement
été suivie par M. le desservant, qui, pour ses affaires
particulières, passe souvent deux ou trois jours de la
semaine dans son domicile, à Lyon, ou du moins,
hors de la commune : arrête à l'unanimité, qu'à
compter du 1er janvier 1829, il ne sera accordé pour
cet objet, aucune indemnité ; il sera libre de faire la
quête ancienne, qui, selon la pensée de l'assemblée,
équivaudra à la somme qui lui est retirée ».

Nous n'avons pu découvrir la réponse du préfet.

M. Jamet démissionna comme et pour les mêmes
raisons que son prédécesseur, et continua de résider
à la Tour jusqu'à sa mort. Il ne garda pas rancune aux
conseillers, si fertiles en tracasseries ; car, par son
testament en date du 20 novembre 1821, il légua à la
fabrique de l'église de la Tour le mobilier de sa chapelle : « calice, chandeliers, cartons d'autel, linges
sacrés et ornements ; les autres linges, livres, et ta-
bleaux exceptés [1] ».

1er septembre 1829. Le presbytère sera bâti sur un
terrain de douze ares appartenant à la commune ;
celui donné par M. Gonnard, maire. Devis : six mille
cinq cent quarante-six francs soixante-dix-huit centimes.

3 avril 1830. Le maire passe un bail de neuf ans
avec la maison Chambard, pour le logement du des-

---

1. *Archives paroissiales*. — Expédition délivrée à Fr. Chambard,
trésorier, Signé : Coste.

servant ; les fonds votés pour la construction du presbytère seront employés à l'agrandissement de l'église.

10 novembre 1832. Il sera construit un presbytère sur le terrain appartenant à la commune, lieu de la Perdrizière. A cet effet, on vote quatre mille cinq cents francs.

La loi sur l'instruction primaire modifia le projet : le 22 juillet 1833, le Conseil décide que la maison à construire servira de presbytère et d'école.

Ainsi fut fait. Le curé eut la moitié de la maison, c'est-à-dire quatre petites pièces et un grenier. Le rez-de-chaussée non divisé de l'autre moitié servit et sert encore de salle de classe. Dans la salle du premier étage affectée à la mairie, on ménagea pour l'instituteur une chambrette, qui pendant longtemps dut lui tenir lieu de tout. Le curé eut le jardin, parce que d'après la loi, on lui en devait un, et rien à l'instituteur. Plus tard, le curé demanda l'autorisation d'établir dans le grenier deux petites chambres ; on l'autorisa, à ses frais, est-il besoin de le dire? et à condition qu'à son départ, il les laisserait en l'état.

Les choses demeurèrent ainsi jusqu'en juin 1874, époque où la municipalité, avec une partie des dix mille francs laissés par un bienfaiteur insigne, pour une construction d'école, acheta le presbytère actuel.

M. Jamet eut pour successeur M. Bouvard, qui ne resta guère qu'un an, 1829-1830 ; ensuite M. Soupat, de 1830 à 1834 ; M. Rocle, de 1834 à 1836 ; M. Revolier, de 1836 à 1838. Ce dernier mourut à la Tour, à l'âge de 42 ans. Son successeur fut M. Joseph Vivien. Rien à dire sur cette période : le curé ayant enfin une demeure stable, l'Etat ayant pris à sa charge le traitement des desservants, il est à croire qu'avec leurs causes les conflits disparurent.

Et la quête, direz-vous? Nous ne savons ce qu'elle produisait aux temps où le Conseil tantôt la supprimait, tantôt la rétablissait. Nous savons seulement que la dernière qui fut faite rapporta au curé la valeur de soixante francs et lui en coûta quatre-vingts. Elle ne pouvait mourir d'une mort plus honorable pour elle et son bénéficiaire.

CHAPITRE XIII

Nous avons quitté la tour-église en 1741 ; faute de documents, nous sommes obligés de franchir un demi-siècle. La constitution civile du clergé a schismatiquement séparé l'église de la Tour de sa mère, Lentilly, l'érigeant en paroisse distincte. Le concordat a maintenu les choses en l'état, et le curé constitutionne est devenu le curé légitime.

Mais la tour-église, à l'intérieur, est à l'état de ruine, ou à peu près. Le 15 pluviôse an XI, le conseil municipal, sur invitation du préfet d'avoir à constituer un conseil de fabrique, lui répond qu'il ignore quelle marche prendre pour « établir de fabriques » : que ci-devant la commune possédait des fonds affectés à l'entretien de l'église ; que le gouvernement s'en est emparé, promettant qu'en vertu de la loi du 18 février 1791, il leur serait accordé 4 % dans la vente desdits fonds, celle-ci s'étant élevée à la somme de deux cent nonante-deux mille cent livres, la nation en doit les intérêts à la commune depuis le mois de nivôse, an IV [1].

---

1. *Archives municipales*. — Délib. du 15 pluv. — « La cotte des impositions foncière et moubilière est à (un) taut au-dessus

Le 22 nivôse, an XI, la municipalité, qui sait à présent « établir de fabriques », nomme fabriciens quatre de ses membres savoir : Antoine Bost, dit Perret, Claude Renard, dit Frisé ; Jean-Claude Collet et Michel Chambard. Ce dernier, paraît-il, avait jadis été frère-lai chez les Chartreux [1].

Le préfet ayant demandé l'état indicatif des biens de la fabrique, lesdits marguilliers déclarèrent « sincèrement » : 1º Que la fabrique de la Tour ne jouit d'aucun fonds, ni terres, ni immeubles, ni pension ; 2º Que les fonds qui lui appartenaient ci-devant ont été vendus comme biens nationaux ; 3º Que les réparations de l'église sont urgentes : autels dévastés, portes et vitres brisées, pavé démoli, tout à refaire ; 4º Que la sacristie est dans la plus grande pénurie, qu'elle a besoin d'ornements, linges, vases sacrés ; que les effets dont elle jouit sont empruntés et de plus fort délabrés ; 5º Que ladite fabrique administrait ci-devant une aumône de quatre bichets de blé-seigle, dont le domaine public détient à présent les pensions ; 6º Que la collecte pendant les offices du culte ne produit, année par année, que la somme de quarante francs, et que le casuel est très modique. « Telle est, citoyen Préfet, la situation antique... » 25 frimaire, an XII [2].

---

de ses revenus et faculté, vu que les produits de notre petite commune sont *simius*, que souvent ils ne compans pas les travaille du cultivateur... Nous espérons, citoyen préfet, que vous orez égard à notre petyte commune de la Tour, et que vous rendré satisfaction as que il faut que l'habitant fas pour trové des mouyiens pour la réparations de l'église... ».

1. En mourant, il légua 200 fr. à la fabrique. — Test. du 9 juillet 1839.

2. Toutes les affirmations qui suivront, accompagnées de leurs dates, sont tirées des *Archives municipales*.

Les conseillers-fabriciens, lassés d'attendre les intérêts qui ne devaient jamais venir — étaient-ils naïfs à ce point ? — et obligés de par la loi de pourvoir aux réparations de l'église, employèrent la combinaison dont nous avons déjà parlé. Avec les sommes versées bénévolement, les réparations urgentes furent faites; mais en 1808, le recouvrement total de ce fameux rôle extra-légal n'est pas encore opéré, même il ne le sera jamais. A cette époque, le conseil s'en plaint amèrement : il en indique la raison : le rôle au marc le franc n'est pas approuvé par le préfet.

En 1824, sur le rapport de l'architecte Pérenciel, des réparations furent faites à l'extérieur de la tour, qui présentait un certain nombre de lézardes, avec un coin de mur en surplomb. Elles coûtèrent mille neuf cent soixante-quinze francs quarante-cinq centimes.

En 1830, le 3 avril, le Conseil devant l'insuffisance de la tour comme église, se décida à un agrandissement, lequel en doubla la superficie, et même un peu plus. Chose remarquable pour l'époque, les fenêtres du chœur ajouté à la tour étaient du plus pur style ogival; le nom de l'architecte mérite à ce titre d'être conservé : il s'appelait Lambert.

Moins de vingt ans après, c'est-à-dire à l'époque où le village atteignit son plus haut chiffre de population, il fut question d'un nouvel agrandissement. Deux projets furent présentés par l'architecte Bernard, le père. Le premier projet désorientait l'église, en faisant de la tour, le chœur ; la chapelle attenante à la sacristie — celle des Cattin — devenait sacristie, et la sacristie une chapelle. La chapelle du midi était reconstruite et agrandie ; trois arceaux de la tour étaient ouverts pour faire communiquer la chapelle avec la nef principale. Enfin, la partie construite en 1830 devait être continuée sur l'emplacement de l'ancienne maison curiale. D'après ce plan, la façade avec perron se trouvait établie sur la vieille place et le chemin public.

Le deuxième projet était plus simple : Etablir un transept dans la construction de 1830. Ces deux projets furent rejetés par sept voix contre une.

Le 13 novembre 1862, pour la première fois, il est parlé au Conseil municipal de construire une nouvelle église; à cette fin, le maire est autorisé à faire dresser des plans et à organiser une souscription. En février 1863, celle-ci atteint déjà 32.365 francs. Un vaste emplacement est gracieusement offert et donné, et le Conseil municipal, avec une générosité touchante vote la somme de 6.000 francs... à prendre dans la caisse de la fabrique, refusant lui-même tout concours financier, parce que, dit-il, *les intérêts à payer empêcheraient le remboursement du capital.*

Un an plus tard, le Conseil municipal décide que la nouvelle église sera à trois nefs. Le devis présenté en février 1864 par l'architecte, ce n'est plus M. Bernard, se monte à 47.548 francs, les ressources à 38.965. A cette occasion, le conseil déclare à nouveau qu'il ne donnera pas un centime ; en revanche, il fait appel au gouvernement, qui reste sourd ; aux bourses volontaires qui, plus sensibles, donnent encore 6.910 francs. Enfin, le 2 novembre 1864, les ouvriers peuvent se mettre à l'œuvre. Le 12 février 1865, le Conseil municipal a l'heureuse idée de voter des moëllons pour la façade, mais n'ouvre toujours pas sa bourse pour aider à payer le surplus de la dépense, et le 31 mai 1866, M. le vicaire-général Pagnon procède à la bénédiction de l'église à peu près terminée.

Il manque la sculpture des chapiteaux et la flèche ; un legs de 6.000 francs à la date du 4 juillet 1869 permettra de lui donner bientôt son complément.

Le maire, après bien des sollicitations, l'église déjà livrée aux fidèles, finit par obtenir de l'administration départementale une subvention de 600 francs — six cents francs —. C'est l'unique somme provenant de l'impôt, entrée dans sa construction ; le fait est à constater, parce que tout l'honneur en revient à la générosité de la population.

Que dire de l'église elle-même ? Généralement à cette époque, Messieurs les architectes possédaient un plan, deux plans même, selon le style voulu par les habitants, quand eux-mêmes ne l'imposaient pas. Ce plan servait de passe-partout, lorsqu'il s'agissait d'une modeste église, comme l'église de la Tour. Ils ne s'inquiétaient pas de l'emplacement, de sa situation, du cadre en un mot. En plaine, à mi-côteau, au sommet de la montagne, peu leur importait, le même plan suffisait à tout. Ce défaut, inconnu des anciens, nous a valu une église élancée, à murs très minces, avec une toiture qui est une vraie carrière d'ardoises pour le vent, glacière en hiver, étuve en été, alors qu'il fallait une église trapue, à murs épais, à toit établi pour résister aux vents du midi et du sud-ouest, qui ont tant de prise sur cette élévation. Et comme complément de l'erreur, la direction des travaux fut entièrement abandonnée par l'architecte à son commis, un jeune homme craintif devant l'entrepreneur. On peut en voir les conséquences : aux basses nefs, les coudières des fenêtres ne sont pas au même niveau ; le mur de l'abside, à la hauteur des verrières, est en surplomb ; enfin, à l'extérieur, on peu juger du peu de soin apporté au travail, par la manière dont furent fermées les issues de l'échafaudage. Que faisait donc le curé ? Le Conseil municipal lui avait interdit de se mêler en rien de l'œuvre : c'était son triomphe à lui tout seul.

Il s'agit maintenant de raconter les derniers jours de la vieille tour.

L'auteur du don de six mille francs, pour achever l'église, avait en même temps laissé dix mille francs pour la construction d'une école. Le 12 août 1869, le maire rappelle au Conseil et la donation et son objet ; tout aussitôt il propose la démolition de l'ancienne église, qui occupe, avec l'ancien cimetière devenue place, un terrain assez vaste pour y bâtir une maison d'école, jouissant d'une cour et d'un jardin. La proposition du maire fut acceptée à l'unanimité, et exécutée dans sa partie la plus douloureuse ; c'est-à-dire que la vieille tour fut démolie, et l'emplacement vendu, le projet de bâtir l'école ayant été abandonné.

Ainsi les habitants anéantirent eux-mêmes l'acte de naissance de leur pays.

Pourtant, il fallait des motifs pour justifier une pareille mesure. On les trouva facilement : « elle tombe de vétusté, devient un péril pour les habitations avoisinantes... ». Or, peu d'années avant la construction de la nouvelle église, à propos de l'adjonction d'une seconde cloche, l'architecte avait répondu de la solidité de la tour. De plus, en 1858, l'architecte également, dans le double projet d'agrandissement, avait donné la même assurance. Enfin, en 1866, le maire, qui a des raisons de croire à son influence personnelle, parle au Conseil de faire classer la tour parmi les monuments historiques... Ceci explique cela.

Les démolisseurs se mirent à l'œuvre le 9 août 1870. Ils commencèrent par l'enlèvement des dalles, sous le regard inquisiteur d'un grand nombre de citoyens, s'imaginant que ces pierres séculaires cachaient des trésors. Défiance vaine, espoir trompé ! On ne trouva rien.

Sunt lacrymæ rerum ! Quelqu'un a dit que ces paroles constituaient une hérésie. C'est possible : mais si les choses détruites ne pleurent pas, leur ruine fait pleurer. Que la jeunesse garde son espérance, et qu'on nous laisse, nous les anciens, aux charmes du regret. Les choses du passé ont eu leur grandeur, nous en aimerons toujours les poétiques souvenirs.

FIN

APPENDICES

APPENDICES

I

Karta Rotbaldi

Sacrosancte Dei ecclesie que est constructa in insula que Athanacus vocatur, et in honore sancti Martini dicata, ubi domnus Durannus abbas preesse videtur. Ego quidem Rotbaldus et uxor mea nomine Ginbergia cedimus jam dicte ecclesie aliquid ex rebus nostris. Hoc est curtilem unum, cum vinea, et mansione, et orto, et vircaria, et silva, et terra arabili, et quicquid in Silvaniaco villa visi sumus habere; et in alio loco qui vocatur Brugalias, quicquid visi sumus habere; et in alio loco qui nuncupatur Vedrerias, similiter quicquid visi sumus habere. Sunt ipse res site in pago Lugdunense, in agro Monte-Auriacense, in supra dictis locis; sicut supra scriptum est, donamus prefate æcclesie pro animarum nostrarum remedio vel parentum nostrorum et pro loco sepulture nostre, eâ videlicet ratione ut quamdiu vixerimus, usum et fructum inde percipiamus, annisque singulis sestarios IIII inter panem et vinum monachis prescripte

æcclesie in vestituram persolvamus, et quisquis ex
nobis duobus primus obierit, unam medietatem pre-
dicti monachi ex supra scriptis rebus recipiant. Post
amborum quoque discessu, sine ulla tarditate, totum
ad integrum teneant et possideant, et faciant quicquid
ex eis elegerint justè faciendi. Si quis vero contra
hanc benevolam donationem aliquam calumpniam
generare presumpserit, nullatenus vindicet, sed
iram Dei incurrat, et componat quibus litem intulerit
auri libras duas, et in antea hec donacio firma et
stabilis permaneat cum stipulatione subnixa, S. Rot-
baldi et uxoris sue Ginbergie, qui donatione ista fieri
et firmare in presenti rogaverunt. Sig. Gotafredi. Sig.
Otgerii. Sig. Rostagni. Sig. Ragimundi. Sig. Odonis.
Data per manu Rodulfi monachi, feria VI, nonas
Septembris, regnanti Chuonrado rege in Gallia.

Ante 993.   (*Petit Cartulaire d'Ainay*. Ch. 72).

II

CARTA BURCHARDI ARCHIPRÆSULIS, DE CAPELLA SANCTÆ CRUCIS

DE SALVINICO

Dum ego Burchardus archipresul in sancte Lugdu-
nensi residens sede cogitarem qualiter ejusdem ecclesie utilitatibus providerem, adiit presentiam nostram
quidam reverendus nobisque fidelissimus Athana-
censis Abbas Raynaldus, cum suis monachis, et cum
consilio nostrorum fidelium Fulcherii, videlicet decani, Dodonisque clerici, et aliorum nostrorum fidelium, postulans ut sibi licentiam daremus in quodam
sui cenobii rure æcclesiam edificaret, ipsamque novi-

ciam capellam novis ejusdem ecclesie terris noviter exartatis, novellis decimis ditaremus ; quorum tam rationabilem petitionem perpendentes que in omnibus prodesse deberet, et nulli omnino noceret, assentum libenter eis prebuimus. Est igitur eadem terra atque capella infra fines de Silvaniaco, terminisque his concluditur : a mane via que dicitur Francisca, a medio die terra Sancti Stephani, a sero terra Sancti Stephani, et ad heredes Girberti et Odrici, tenditque *gutta*) . . . .

. . . . .) a circio via publica et terra Sancti Stephani (. . . *Infra*) hos fines denominatos, donamus atque confirmamus supra(*nomina*) te ecclesie et monachis omnem decimam de exartariis suis. (*honoramus*) eamdem novam capellam novis offerendis atque sepultura de ipsà terra, nostraque hoc pontificali decernimus atque statuimus auctorita(*te*), ut nullus omnino a presenti die et in posterum huic nostro dono atque decreto audeat resistere et contradicere. Quod si quis presumpserit omnino mortalium dilapidator æcclesiarum habitus, separetur ad totius sancte æcclesie societate, vinctusque excommunicatis et abominatis, componat quibus litem intulerit. auri libras XX, et in posterum hec nostra largitio per succedentia tempora sit firma et rata ac inconvulsa. Ego Burchardus, archipresul dignus Lugdunensis æcclesie, manu propria firmavi. S. Fulcherii decani. S. Dodonis clerici. S. Duranni, abbatis Saviniacensis. S. Bernardi, abbatis insule Barbarensi. S. Girini, militis. S. Artaldi, militis. S. Adalardi, militis. S. Arrigii, militis. Data per manum Amblardi, indigni levite ac monachi, in mense Martio, regnante Rodulfo rege in Gallia.

993-1013.　　　　(*Petit Cartulaire d'Ainay*. Ch. 137).

III

L'Ancienne Route

Suivons pendant quelque temps la route de Lyon à Paris par le Bourbonnais, que nous croyons, avec M. Auguste Bernard, être la Via francisca du xᵉ siècle, passant par Salvaniacum.

Un peu avant le bourg de Dardilly, elle a été rejointe par le chemin des Moines, qui l'emprunte jusqu'au treyve appelé plus tard de la Croix-Cotton. Sous le bourg de Dardilly, c'est la rue profonde; un peu plus loin le passage désigné sous le nom expressif de Trayna-Cul [1]; puis le ruisseau des Planches franchi, arrivée au sommet du petit coteau, elle va en ligne directe, traverse le plateau, à la Croix de Villedieu, coupe le chemin qui, sur la droite conduit à la Brochetière, Malataverne, Dorieux, Châtillon, et sur la gauche, à Laval, Marcy, Brindas, et se dirige en droite ligne au pont de la Marcruère et la Croix-Cotton.

De là, elle montait par la Durière, coupait le chemin du château à la Croix des Rameaux, laissant à droite les emplacements de la Charrière, qui n'existait pas encore, traversait ce qu'on a appelé depuis la Ribaudière, — jardin et vigne de feu Georges Tabard — pour passer devant la chapelle de la Croix, première église de Salvaniacum. Elle continuait, traversant le chemin appelé depuis : de la fontaine du Jonchet au château, obliquait légèrement au nord, recevant

---

1. Papiers de Villedieu. — Différents contrats du xvɪɪᵉ siècle.

d'abord le chemin de la Tour à Dorieux, sur sa droite ; un peu plus loin, à gauche, celui de Lentilly ; enfin elle poursuivait là où nous la voyons encore aujourd'hui, entre la route nationale et le chemin des Granges actuelles, par le creux ou le fond du Lac de Jouë, jusqu'au Buvet, le Poteau, etc.

Qu'on ne taxe pas ce tracé de pure hypothèse. Le plan géométral donne en une ligne pointillée le parcours depuis le pont de la Marcruère avec cette légende : Ici passait l'ancien grand chemin. Ce pointillé va, par la Durière, jusqu'à la hauteur du léger coude de la route nationale, à environ 100 mètres du haut de la Charrière. C'est à partir de là que s'est faite la première déviation de la Via franscisca dans notre région. L'abandon de la chapelle de la Croix et l'établissement petit à petit de la Charrière, dont quelques maisons sont certainement du XVe siècle, en furent la cause. Si le plan géométral ne donne pas de pointillé plus loin, c'est que ce changement est de date trop ancienne. En revanche, on trouve sur ce même plan, derrière les maisons de la Charrière et leurs jardins, une terre en parallélogramme très régulier, dix fois plus long que large, véritable ruban, allant exactement dans la direction de l'emplacement de la chapelle. Cette terre a tout l'air d'occuper une bonne partie de l'ancien chemin.

Mais une fois qu'on a franchi la route dite de la fontaine du Jonchet au château, le plan géométral donne à nouveau un pointillé, lequel s'en va dans la direction désignée plus haut : bientôt il présente une bifurcation ; celle de gauche traversant Six Sols pour arriver à la Morandière et au Jacquemet — son pointillé existe encore ; celle de droite aboutissant à l'endroit justement nommé la Croizette, là où elle recevait la route de Lentilly par le Charpenay d'aujou-d'hui ; le pointillé n'en est point indiqué pour la même raison que ci-dessus, c'est-à-dire à cause de l'ancienneté de ce changement produit par la Charrière.

En résumé, la partie de la route nationale, depuis le pont de la Marcruère jusqu'au milieu de Pissechien, date de 1720-1730. La partie suivante jusqu'à l'entrée du chemin de Lentilly et de celui dénommé dans le plan géométral : ancien chemin de Paris à Lyon par le Bourbonnais, est d'une époque au moins antérieure au XVIᵉ siècle. La partie suivante jusqu'à l'entrée actuelle du chemin conduisant au Poteau, à moins de 100 mètres du pont du Buvet, est du commencement du XVIIIᵉ siècle, sur le territoire de la Tour, et de 1768 sur celui de Lentilly [1].

IV

I. — Propriétaires dans le Vingtain en 1624 [1].

Maisons hautes et basses :

Michel Guigo et Jean Prost (A) ; Anne Merlin, veuve de Laube (Z) ; Jean Guillot (Y) ; Antoine de Gilbertès, seigneur-obéancier (U X) ; Benoît et Nicolas Rivoire, indivis avec Barthélemy Leullion et Antoine Bariot de Veyse (T V).

---

1. Plan géométral de la Directe de Lentilly, etc. — *Archives paroissiales de la Tour.*

2. Terriers, cartes terristes et plan géométral de la Directe de Lentilly et la Tour de Salvagny.

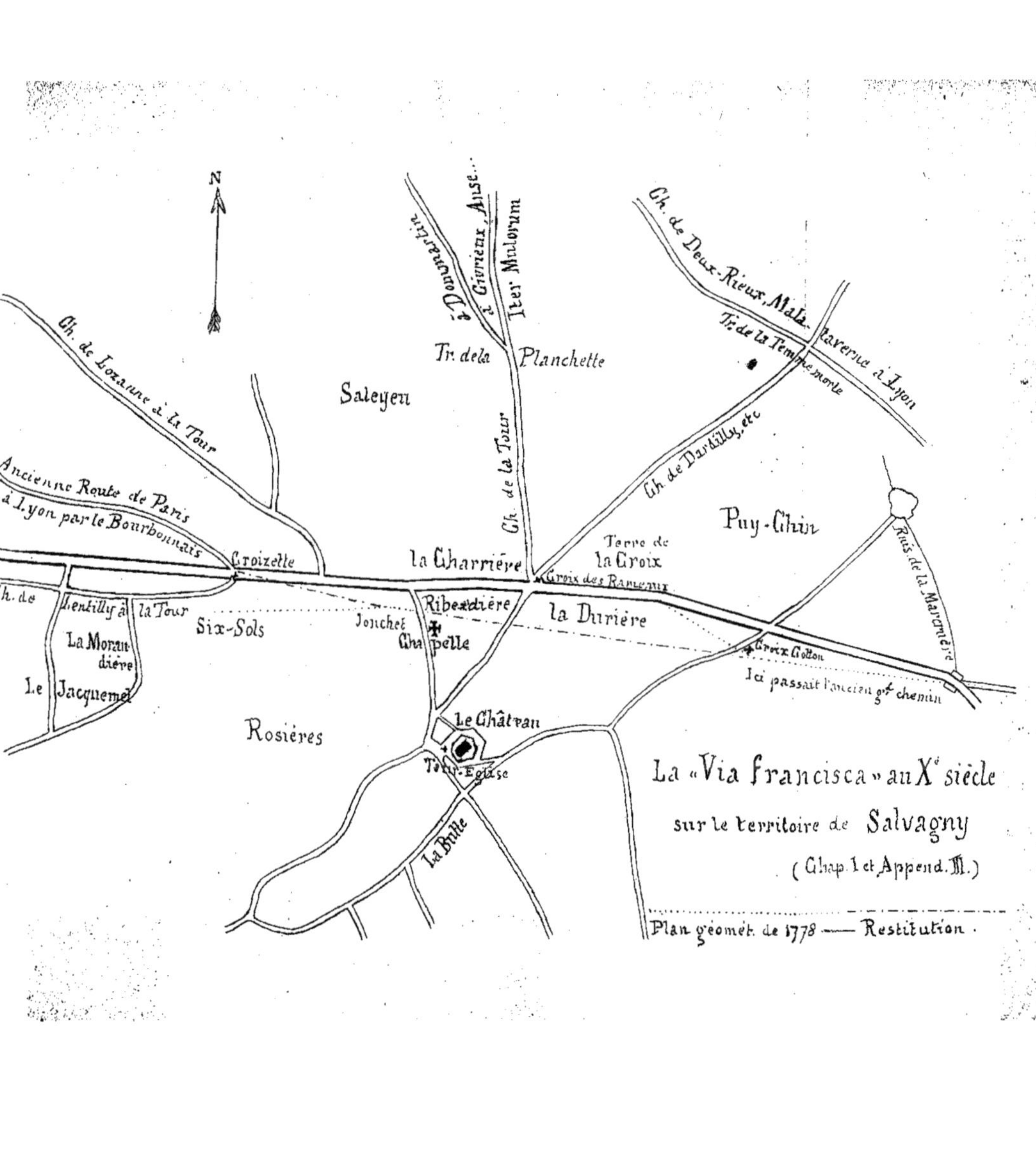

N
Ch. de Lozanne à la Tour
Ancienne Route de Paris
à Lyon par le Bourbonnais
Ch. de Lentilly à la Tour
La Morandière
Le Jacquemet
Croizette
Six-Sols
Rosières
à Dommartin
à Givrieux, Anse
Iter Malorum
Tr. dela
Planchette
Saleyeu
Ch. de la Tour
la Charrière
Jonchet
Ribaudière
Chapelle
la Durière
Croix des Rameaux
Terre de
la Croix
Ch. de Darbilly, etc
Puy-Chin
Ch. de Deux-Rieux, Mal.
Tr. de la Femme morte
Taverne à Lyon
Ruis de la Marcuière
Croix Gotton
Ici passait l'ancien gd chemin
Le Château
Tour Église
La Butte
La « Via Francisca » au Xᵉ siècle
sur le territoire de Salvagny
(Chap. I et Append. III.)
Plan géomét. de 1778 ——— Restitution.

Maisons basses :

Jean Crespu et Antoine Desgouttes (B) ; maison de la Confrérie (Z).

Chambres :

Antoine Barriot (avec Jean Colin et Benoît Leullion) ; Antoine Bochard et Benoîte, sa femme ; Jean Blanchon ; Benoît Bost ; Jean Bost (avec Antoine Simonin) ; André Bost ; Jean Brunier ;

Claude Chanteperdrix (avec De Comba, dit Brunier et Claude Merle) ; Colin (avec Antoine Barriot et Benoît Leullion) ; Antoine Combet : Pierre Crespu (avec François Vizo) ;

Pierre de Comba dit Brunier (avec Claude Chanteperdrix et Claude Merle, deux chambres) ; François et Barthélemy Deschamps (avec Etienne Gonnard, une demi-chambre) ; Barthélemy Deschamps (avec Pierre Duchampt) ; Barthélemy Dodat ; Antoine Dodat ; Georges Dodat ; Claude Doyrieux (avec Benoît Meygret) ;

Jean Fayel ;

Etienne Gonnard (avec François et Barthélemy Deschamps, une demi-chambre indivise) ; Jean Guillot et Catherine Guillot, veuve Verchère ; Jean Garde ; Floris Giraud ;

Pierre Justet ;

Benoît Leullion (avec Antoine Barriot et Jean Colin) ;

Claude Merle (avec Claude Chanteperdrix et Pierre de Comba, dit Brunier ;

Benoît Meygret (avec Claude Doyrieux) ; Jean Meygret ; Antoine Merle ;

Benoît et Antoine Perret ;

Claudine Raymond ; Claude Renard ; Guyot Reynard ; Philippe Rimbourg, deux chambres ; Benoît
Rivoire ; Etienne et Antoine Rivoire ; André, Antoine
et Heny Ruyton, une chambre indivise ; André et
Henry Ruyton, deux chambres et demie ;

Antoine Simonin (avec Benoît Bost) ;

François Vizo, un coin de chambre ; François Vizo
(avec Pierre Crespu, une chambre).

Celliers :

Antoine Bochard ; Pierre Bionnière ; André Bost ;
Benoît Bost (avec Antoine Simonin) ; Benoît Bost ;
Claude Brunier, Jean Brunier dit de Comba ; Pierre
Brunier ;

Jean Caillot et Pierre Biannier ; Claude Chanteperdrix (avec Pierre de Comba, dit Brunier et Claude
Merle) ; Pierre Crespu ;

Pierre Ducrot ; Antoine Dodat ; Barthélemy Dodat ;
Pierre et Barthélemy Deschamps, deux celliers ;

Jean Fayel ; Jean Garde ; Jean Guillot ; Pierre Justet ;

Etienne Merle ; Laurent Micollier ; Benoît et Antoine
Perret, Antoine Prost, Pierre Prost ;

Philippe Rimbourg ; Benoît Rivoire ; Etienne et
Antoine Rivoire ; Henry et André Ruyton ; Antoine
Ruyton ; Barthélemy Ruyton ;

Antoine Simonin ; François Vizo.

Places ou mûres (murailles) :

Pierre Souzy, indivis avec Claude Doyrieu ;
Jean Rivoire, indivis avec Claude Ferlat ;
Pierre Souzy, indivis avec Benoît Maigret ;
Jean Guillot et Catherine Guillot, veuve Verchère,
les cinq octaves indivis d'une place dont les trois autres

sont à Claude Guigonnand, Benoît et Antoine Perret.

En résumé : 62 propriétaires, 35 chambres et 33 celliers.

II. — Propriétaires dans le Vingtain.

Vers 1700	*En 1778*
A) Claude Giraud, maison haute et basse, qui fut de Gilet.	Place au sieur Rose, maison démolie.
B) Barthélemy Tisseur et Benoîte Deschamps sa femme ; maison haute et basse, qui fut de Jean Crespu ; cellier au-dessous de la chambre de Gabriel Milo, héritier de Jeanne Garde.	Place à Mathieu Dodat et Antoine Tisseur, maison démolie.
C) Benoît Merle, maison haute et basse et cellier qui fut de Benoît Merle et de Pierre Ruyton.	Maison et cellier à Claude Cazard ; au-dessus du cellier, chambre à Pierre Tabard.
D) Antoine Bochard, dit Galley, maison haute et basse et cellier qui fut de Rimbourg, aliàs Ruyton.	Cellier à Claude Renard et au-dessus chambre à Jean-Baptiste Bost.

Vers 1700	*En 1778*
E) 1º André GROS, dit THIVOLLET, et Pernette BERGER, sa femme, sa part d'une place ou *mure* qui fut de Benoît JUSTET ; 2º Barthélemy TISSEUR et Benoîte DESCHAMPS, sa femme, sa part d'une place ou *mure* qui fut de DESGOUTTES et ROUSSET ; 3º Madeleine BOST, d'une place ou *mure* qui fut cellier, qui vient d'André BOST ; 4º Benoîte PROST, veuve de Michel PLATET, une place ou *mure* dans le château, qui fut de Pierre PROST ; 5º André PERRET, sa part de certaines *mures* qui fut d'Antoine COMBET.	Maison aux héritiers BOUCHARD, dit PATHOUD, de Pollionnay.
F) Georges FAYARD, une chambre et cellier qui fut des mariés FAYEL.	Maison haute à Claude RENARD, dit la ROSE.

Vers 1700	*En 1778*
G) Jacques Vizo, un cellier au-dessus de la chambre de Claude Poix.	
H) 1⁰ Benoît Renard, dit Cavalier, un cellier qui fut de Pierre et Louis Ducrot ;	Cellier à Georges Renard, dit Matière.
2⁰ Antoine Bost, une chambre au-dessus du cellier de Benoît Renard ;	
I) Jean-Pierre-Jommand, certaines mures qui furent de Jean Crespu.	Place à André Perret, dit Mineur.
L) François Pitiot, certaines mures, qui furent de Philibert Rey.	Place à Antoine Bost, dit Perret, avec cellier.
M) Jeanne Bost, veuve d'Antoine Perret, une maison et cellier qui furent des frères Perret.	

Vers 1700	En 1778
—	—
N) Antoine Dubost le jeune avec sa femme Jeanne Merle, maison haute et basse, cellier, aisances qui fut de Merle et Claude Doyrieu.	Maison à André Beynière.
O) Pierre Champagnon, cellier qui fut de Pierre et Barthélemy Deschamps	
O² Antoine Dodat, une part de mures, qui fut de Barthélemy Dodat.	Place à Renard, dit Cavalier.
O³ Place vacante à la main du Seigneur.	Place vacante.
P) François Rivoire, une chambre et cellier qui fut de Benoît Rivoire.	Place à Renard, dit Cavalier (maison démolie).
R) Gabriel Freycenon, maison et cellier qui fut de Guyot Renard, de Barthélemy Ruyton, fils d'André, fils d'Antoine et de Fayet.	Maison à Goy.

Vers 1700	En 1778
S) Antoine et Benoît PERRET, maison haute et basse et cellier, qui fut des frères PERRET et des biens de Pierre BIANNIER.	
T) 1º Jean-Pierre JOUMAND, une chambre qui fut de Pierre CRESPU ; 2º André BOST, un cellier qui fut de Benoît BOST ; 3º Benoît VIZO, une chambre qui fut d'Etienne VIZO ;	Maison haute et basse à Claude CAZARD. La chambre au-dessus est reconnue par Pierre TABARD.
U) 1º Jean BOCHARD, une chambre qui fut de GALLEY et Benoît RUYTON ; cellier ajouté de Barthélemy RUITTON ; 2º Benoît PROST, veuve de Michel PLATET, un cellier qui fut de Pierre PROST.	

Vers 1700	En 1778
V) André PERRET, une chambre qui fut d'André BOST.	
Y) ? Une maison haute et basse qui fut de Jean GARDE.	1⁰ Cellier à Georges TABARD ; au-dessus, une chambre à Pierre RENARD, et au-desus celle d'André PERRET et Georges GROS ; 2⁰ Cellier à Guillaume COLLOMB ; au-dessus une chambre à Claude CORNATON.
Z) Antoine GARDE, maison haute et basse qui fut de Paul SIMONET, qui fut de Anne MERLIN, veuve de Jean DE LAUBE, qui fut de Philippe CATTIN.	
Z²) Maison de la Confrérie [1].	Maison de la Confrérie.

Contre le mur extérieur du Vingtain.

1. — Maison curiale.	Maison curiale.
2. — ?	Etienne CORNATON.
3. — ?	Maison basse à Claude RENARD, dit la ROSE.

---

1. Les lettres O et Z répétées, ainsi que les chiffres 1, 2, 3, ne figurent pas dans le plan de la carte terriste. On les a ajoutés pour plus de clarté.

V

<table>
<tr><td>

VICAIRES DE LA PAROISSE
DE LA TOUR DE SALVAGNY,
ANNEXE DE LENTILLY

—

</td><td>

VICAIRES PERPÉTUELS OU CURÉS
DE LENTILLY
ET LA TOUR DE SALVAGNY
SON ANNEXE

—

</td></tr>
</table>

		?	Jean DURANTIN
1608	CHEVALIER	1609	Benoît DODAT
1624-1637	OLLAGNON	1633	Jean MICOLLIER
1643	DUBOUCHET	1636	Jean NESME
1644	NINAULT	—	—
1646	FOGIER	?	André GARDE
1647	PLATEL	?	—
1650	JACQUET	1652	Jean MICOLLIER
1655	BERGER	—	—
1659	BÉRARD	—	—
1660	DUBUISSON	1660	Jean AIROLLES
—	GARRANT	1661-1691	Benoît BRUN
—	PAULHIAN	—	—
1663	MAISONNEUVE	—	—
—	ESCUDIER	—	—
—	CORLIN	—	—
1666	GUILLOT	—	—
1669	BURNIER	—	—
—	BOUCHARD	—	—
1670	CHATARD	—	—
1672	FAVIER	—	—
1673	Louis DU PONT	—	—
—	J. DE NAVY	—	—

1674 FINIEL	1661-1691 Benoît BRUN
1676 BRUGEYRON	— —
— OLIVAINT Iᵉʳ	— —
1678 Hug. OLIVAINT II	— —
1678 PRORIOL	— —
1682 FINIEL *bis*	— —
— MUSNIER	— —
1685 JARRIGE	— —
1686 MIRMAND	— —
1687 Vacant : CORPO-RANDY et VOU-JON, vicaires de Lentilly font le service.	—
1690 Vacant : Le curé BRUN fait le service.	— —
1691-1717 J.-B. CHAU-VON, curé, ré-side à la Tour jusqu'à sa mort.	1691-1717 J.-B. CHAU-VON
1718 GRIFFON, curé ré-side.	1718 GRIFFON
1719 GIRAUD	1719-1752 Ch. SALXE
— RIGOLEY	— —
1724 ACHARD	— —
1728 DEVIGO	— —
1732 PASCALIS	— —
1733 CRESTIN	— —
1734 MERMET	— —
1737 PERROLAZ	— —
1746 MICHEL	— —
1747 CHERMETTE	— —
1748 CLÉMENT	1752-84 A.-B. CLÉMENT

1753 Bouchet	1752-84 A. B. Clément
1754 Allizondo	— —
1759 Gonon	— —
1762 Monod	— —
1764 Meynet	— —
1768 Detour	— —
1769 Saint-Paul	— —
1770 Loiseau	— —
1776 Colonge	— —
1781 Brunel	1784 Phil. Estourmel
1792 Gardey	— —

VI

Les Anciennes familles de la Tour d'après les registres paroissiaux

Avant 1650

Arquillière;

Bariot, Beau (Baud, Bô), Bergeron, Berjon, *Bost* [1], Bouchard, Brun [2], Brunier, Burin ;

Caillot, Cattin, Cazard, *Chambeau*, (Chambost), Champagnon, Chassony, Cornet, Cotton (de), Crespu ;

---

1. Deux familles de ce nom, dont l'une paraît être du xviiie siècle.

2. Brun : Ce nom figure déjà dans la transaction entre le chanoine Florus et Roboud de Tacins (1200-1205). V. Ch. II. p. 17.

198

Delaroche, Delorme, Deschamps, Dodat, Doyrieux, Duchampt, Desgouttes, Ducreux, Ducros,
Dumas, Dury ;

Fayard, Ferlat, Fillon ;

Galley, Garde [1], Gillet, Giraud, Grange, *Gros*, Guigonnand, Guigou, Guillet, Guillon, Guillot ;

Jerphanion, Johannique, Jollion, Jomand (Joumand,
Jumand), Joyet, Justet ;

Malletier, Mallière. *Merle* [2], Meygret, Milo ;

Pathoud, Paccalon, *Perraud*, *Perret* [3], Petiot, Peron-
nier, Pitiot, Plattet, Poix, *Prost* ;

Rambaud, *Renard*, (Reynard) [4] ; Reymond, Ribollet, Rimbourg, Rivoyre, Ruetton (Ruitton, Ruyton) ;

Souzy, (Sozy, Chozy) ;

Verchière, Veyrand, Vize, Vizo,

NOTA. — Ajouter à cette liste quelques-uns des noms de
l'appendice IV, terrier de 1625.

NOUVELLES FAMILLES

De 1650 à 1700

Assada ;

Barassi, Bergier (Berger), Blain [5], Bonnet ;

---

1. Garde : Ce nom figure déjà dans la transaction entre le chanoine Florus et Robourd de Tacins (1200-1205). V. Ch. II, p. 17.

2. Deux familles de ce nom : l'une à la Puizetière, l'autre au
Jacquemet.

3. Egalement deux familles de ce nom.

4. *Idem;* peut-être trois. C'est par excellence le nom aux so-
briquets : Renard Fenneraud, Renard Frisé, Renard Cavalier, Renard, Smeraldy, Renard Matière, Renard la Rose.

5. Venait de Dardilly, avait épousé une Couzonnas, fut luminier et mourut sans enfants en 1724.

Cantin, Carrier, Charmillon, Colomb, *Couzonnas* (Cozonna) ;

Dargère, *Devaux*, Dubost, Dupré, Dusouzy, Duvernay, Dyte (Ditte) ;

Gaillard, Gay, Gelay, Gonnard, Grataloup, Guyot ;

Freycenon ;

Lancelot ;

Malet, Matagotte (Mategoutte), Meyriat, Murat ;

Pin [1], Piquet, Porte, Poizat ;

Ravier (Ravy), Rebut, Renouard, Riffaud ;

Saulnier, Simonnet ;

Thabard [2], Thomas, *Tisseur*, Tissot ;

Vernay, Véron, Vizon.

De 1700 à 1750

Baille (Bel, Bayle), Balmont, Baritel, Bayard. Beauly, Bénière, Béroud, Bertrand, Brochet ;

Chambard, Chapuis, Charmet, Charretier, Cinquin, Coiffard, Cognasson, Cornet, Couillard ;

Damez, Deville, Ducotton, Durand ;

Freydache ;

Gerbaux ;

Joly ;

Lepin ;

Massard ;

Morel [3] ;

---

1. Revenu à la Tour après une longue disparition.

2. Deux familles : le chef de la première, Fleury, originaire de Vaugneray, épousa, vers 1652, Jeanne Gilet, de la Tour. Le chef de la seconde, Marcellin, originaire de Saint-Pierre-la-Palud, avait épousé, le 5 juillet 1717, Jeanne Platet, également de la Tour.

3. Voir la transaction indiquée ci-dessus ; un Morel y figure. Il a dû donner son nom à la Morellière.

Odet ;

Payraud, Perrin, Pinet :

Raguet, Ritton, Rollet, Rose, Rozier ;

Sibillon, Sorliet ;

Terrasse, Thuilat ;

Valoy, Verdin, Veyssière, (Véricel, Viricel, Villicel).

De 1750 à 1790

Bardin, Barjot, Béraud, Bermond, Blanc, Bodois, Bonnepart, Burnier ;

Carrant, Chambon, Champin, Chapelle, Charassin, Charlin, Clavel, Collet, Coquard, Courtabant ;

Dory, Dru, Dumolin, Dutel, Dutour, Dutronchy ;

Freissonnet ;

Gaynon, Giraud, *Grandvaux*, Guerby ;

Humbert ;

Jacquet, Jay, Jubin, Junet :

Lacoste, Lacroix, Laforêt, Lhôpital, Loram, (Laurent?) ;

Marniolle, Maucourant [1], Merigot, Montermand, Montet ;

Napoly ;

Passinge, Passol, Pellisson, Péronnet, Perrot, Petit, Petrin, Poyrieux :

Quoy (Quoat, Coat) :

---

1. De Vidaillat, dans la Marche. A donné son nom au village situé au-dessus du pont de la Marcruère. Maître-maçon à la Tour, il reconstruisit, en 1778, le château de Villedieu, et peu après se bâtit à lui-même une maison à l'intersection du chemin de la Brochetière à la Beffe avec la route royale. Ça été la première maison en cet endroit. Des quittances tirées de Villedieu l'appellent indifféremment Maucourant et Marcourant.

Rativet, Régippas, Reignard, *Rossignol* ;

Sauge, Sériziat, Serpinet (Salpinet et Charpinet), Soupat ;

Tardy, Valoire.

Remarques. — 1° Malgré tout le soin mis à cette liste, elle ne peut être absolument complète. C'est une consolation pour ceux qui prétendraient à un très ancien établissement dans ce pays. Ils pourront se dire : on nous a oubliés ;

2° On a mis en italique les familles encore représentées quant au nom seulement. Peu nombreuses, la plupart sont déjà tombées en quenouille et destinées à disparaître avec la génération présente ;

3° Actuellement, une vingtaine de familles portent des noms qu'on retrouve dans les listes précitées, antérieures à 1790 : rien de commun entre elles que l'homonymie.

SUPPLÉMENT

CHAPITRE PREMIER

Ont signé la première charte : Arnulphe, abbé de Saint-Paul ; Eldrade ; Benzon ; Emmo ; Astérius, prêtres ; Girard ; Ébbo, prêtre-greffier.

La date de cette charte est contestée par plusieurs.

Ont signé la deuxième charte : Guichard et Egilmode, son épouse ; Milon ; Ag... : Fulcherius ; Gausmar : Bérard : Gérard ; Durannus : Raynald, moine-greffier.

Ont signé la troisième charte : Radoldus et Ingelberge, son épouse : Jean, leur fils : Odric ; Girbert ; Adalbert : Radulphe, prêtre-moine, greffier.

Odric et Girbert sont de nouveau nommés dans la sixième charte, celle de l'érection de la chapelle dédiée à la Sainte-Croix.

Ont signé la quatrième charte : Rotbald et Ginberge, son épouse ; Gotfred ; Otger ; Rostaing ; Ragimond ; Odon ; Rodolphe, moine-greffier.

Ont signé la cinquième charte, les seuls vendeurs : Rotbert, Aymon et Ingelbert.

CHAPITRE II

Au territoire du Nez, c'est-à-dire, à partir de l'angle formé par le chemin des Granges, et l'ancien chemin de Dommartin par Saleycu, Roba ou Laya, aboutissant à la colline de Vorlot, chemin aujourd'hui supprimé dans sa partie basse, le plan géométral indique un tènement d'environ quarante-quatre bicherées, dans lequel trois bicherées seulement sont mouvantes de Lentilly.

Les propriétaires en 1778, étaient : Pierre Renard, dit Feyneraud, pour quatre bicherées deux tiers, en terre et vigne ; Jean Gonnard, pour trois bicherées un douzième, en pré, terre et vigne ; Fleurie Merle, pour quatre bicherées en pré ; Georges Tabard, pour quinze bicherées un tiers, en terre et pré ; les eaux mouvantes de Lentilly ; Pierre Renard, sus-nommé, pour un bicherée un tiers, en pré ; André Perret, pour six bicherées ; au milieu, un bicherée mouvante de Lentilly : Fleurie Merle, sus-nommée, pour deux bicherées et demi, en terre ; André Charpinay, pour six bicherées trois quarts, en terre, dont deux bicherées mouvantes de Lentilly. Acquis de Jean Gonnard. .

Nous ignorons de quelle directe relevait cet important tènement.

CHAPITRE VIII

Autres maisons isolées existant en 1778, en dehors de celles déjà désignées :

1º A la Cartella (Cartelée) : Maison à André Charpinay, acquise de André Perret, dit Giraud, avec une terre de un bicherée et demie, plus un suel.

2º A la Croizette : Maison à Pierre Gros, avec terre, vigne, suel, contenant quatre bicherées et demie. Maison Bergeron actuelle.

3º Sur le chemin du Nez au Maligneux : Maison-cellier à André Perret.

L'ACQUEDUC. — Nous croyons qu'il existe une relation très-étroite entre la branche de l'acqueduc se rendant au Mont-d'Or, et les différentes mares échelonnées depuis le haut de Fontbonne jusqu'au Nez.

En arrivant au bout de la tâche que l'auteur s'est proposée, il regrette de n'avoir point dit pourquoi la chapelle de Salvagny fut dédiée à la Sainte-Croix, et l'église à Saint Ennemond. Hélas ! c'est par pure ignorance, n'ayant rencontré sur sa route aucune indication relative à ces deux points.

Pour le premier, faut-il y voir un acte de courtoisie de l'abbé d'Ainay vis-à-vis de l'archevêque Burchard, dont l'église paroissiale était sous le vocable de la Sainte Croix ? D'autre part quelqu'un a dit que la distance de Selvaniacum à Lyon, placé qu'il était sur une grande voie de communication, comportait une borne milliaire ; que ces bornes, à l'époque dont nous parlons, étaient surmontées d'une croix, circonstance qui aurait motivé le vocable, et comme exemple, on cite Millery.

Pour le second point, on se rappelle que les Dames religieuses de Saint-Pierre possédaient des terres sur le territoire de Salvagny ; ont-elles offert des reliques de Saint-Ennemond, dont le corps avait été recueilli par elles, ou bien, ce qui reviendrait au même, leur en aurait-on demandé, avec la condition de placer le nouveau sanctuaire sous le nom de l'évêque martyr ?

INDEX

C

F

Faisant not., 57.
Falcon de Rochefort, 19.
Falsan, 4.
Faure Dom., curé, 158.
Favier, vic., 78.
Fayard Ant., 51, 60, 125.
Fayard Georges et Bap., 31, 49, 51, 57, 58, 60, 62.
Fayard Jean, 61.
— N., 131.
Fayolle Louis-Anth., 88.
Fenouillet J., 60.
Fesch, card., 160.
Fichet Françoise, 96.
Florus, chan., 16.
Fossis (J. de), 37.
Fouquier-Tinville, 69.
Frangin, curé, 160.
Fulcherius, doyen, 7.

G

Gaignon Cl., curé, 78.
Gaillard Ant., 49.
Gair Fr. ou Goy, 60, 61.
Galey Cl., 51, 59, 61.
Gangnières (Daniel de), 127.
Garde, 17, 18.
Garde André, 57, 84.
— Jean, 84.
— Dlle, 63.
Gardette P., 141.
Gardey Dam., vic., 153.
Gaud Nic., curé, 78.
Gausmard, 203.
Gauthier Fr., 142.
Gérard, 203.
Gerin-Rose, 56.
Gervais Humb., 167.
Gilbertès (Ant. de), 140.
Gillet B., 57.
— Et., 56.
Giraud Ant., 49, 51, 85, 129.
Giraud Claude, 30, 57, 85.
Giraud Jean, 160.
Giraud des Echerolles, 142.
Giraud Victor, 134.
Girbert, 7, 203.
Girin, 3.
— cheval., 8.
Gonnard Jean, 35, 101, 113, 122, 146, 149, 151, 160, 161, 167, 168.
Gonnard J.-P., 149, 150, 151.
Gonnet, curé, 78.
Gotfred, 203.
Gouttard H., 90.
— Pierre, 90.

H

I

J

L

Terrail (Ant. du), 22.
Thève, not., 62, 63.
Thimothée, aumônier, 139.
Thomas, sculp., 52.
Tisseur, 81.
— André, 42, 162.
— Ant., 59.
— Benoît, 91.
Tissier Louis, sold., 142.
Tournon (de), préfet, 122.
Tournon (Camille de), 148, 149.

U

Urbain IV, 44.

V-W

Varax (Emm. de), 97, 104.

Varax (Humbert de), chan., 23.
Varax (Paul de), 94, 97.
Varenne de Fenille, s.-préf., 151.
Vernay Fleury, 59.
Véron P., not.-chir., 84, 86.
Vial Hub., not., 85.
Vignon L., prof., 100, 109.
Vincent, 18
— Claude, 49.
— Jean, 131.
Vizo André, 49, 57, 60.
— Claude, 57.
— de Val-Trotier, 18.
— Fr., dit Penin, 40.
— Jeanne, 86.
Vuarembert, 1.
Wimpfen, gén., 146, 147, 149.

TABLE DES MATIÈRES

www.ingramcontent.com/pod-product-compliance
Ingram Content Group UK Ltd.
Pitfield, Milton Keynes, MK11 3LW, UK
UKHW022331090726
13658UKWH00001B/206